ELON MUSK

马斯克传奇

赵 宁 著

吉林出版集团股份有限公司
全国百佳图书出版单位

图书在版编目（ＣＩＰ）数据

马斯克传奇 / 赵宁著. -- 长春 : 吉林出版集团股份有限公司，2024. 8. -- ISBN 978-7-5731-5348-7

Ⅰ. K837.125.38

中国国家版本馆CIP数据核字第2024E8W115号

马斯克传奇
MASIKE CHUANQI

著　　者：赵　宁
责任编辑：矫黎晗　李　冬
封面设计：翰墨漫童
出　　版：吉林出版集团股份有限公司
发　　行：吉林出版集团青少年书刊发行有限公司
电　　话：0431-81629808
印　　刷：鸿鹄（唐山）印务有限公司
开　　本：880mm×1230mm　　1/32
字　　数：240千字
印　　张：9.75
版　　次：2024年8月第1版
印　　次：2024年8月第1次印刷
书　　号：ISBN 978-7-5731-5348-7
定　　价：58.00元

如发现印装质量问题，影响阅读，请与印刷厂联系调换。022-69380901

序　言

　　我第一次知道埃隆·马斯克，是在一篇网上的文章中，那时，仅仅知道他是特斯拉的老板。让我印象比较深刻的是：特斯拉是硅谷的第一家汽车公司，但马斯克本人强调这是一家"科技公司"，而不是"汽车公司"。

　　此后过了好几年，虽然网上不断有关于他的各方面的信息，但我也不是很在意。直到2021年1月，马斯克个人资产达到了1897亿美元，成为世界新首富；同年10月，马斯克更是成了历史上首位身家破3000亿美元的人，才引起了我的关注。我最意外的不是他赚钱多，而是他财富积累的速度，在10个月内，财富增加超过了1000亿美元。因此，我开始有意查找关于他的一些资料，试图探求马斯克飞速赚钱的秘密。

　　2022年5月，在美国《时代》周刊全球最具影响力人物评选中，马斯克排名第二，美国总统拜登仅排第五。这使得我不得不对马斯克刮目相看。从此，我对这个人产生了浓厚的兴趣，并开始广泛收集有关他的资料。

一开始，我认为马斯克不过是一个聪明的理工男、高智商的企业家，之所以赚钱多，无非是比别人更具眼光，更加勤奋和执着。但是，随着阅读材料的增多，我发现我严重低估了马斯克的影响力，也严重低估了他的复杂程度。除了"特立独行""敢想敢干""敢于冒险""战略视角""工匠精神"等正面或中性的评论，媒体对他的评论中不乏"古怪""偏执""疯狂""自负"之类负面的字眼。

用《时代》周刊的话说，埃隆·马斯克集天才、小丑、实业家、表演家于一身；是发明家托马斯·爱迪生、"马戏之王"P.T.巴纳姆、"钢铁大王"安德鲁·卡内基和《守望者》里的曼哈顿博士；他一心想着探索宇宙，一心想要带着全人类移民火星……

当然，一些科技界的大佬还是比较认可他的。

曾经把乔布斯扫地出门的苹果前任首席执行官约翰·斯卡利说：

"马斯克将是下一个乔布斯。"他认为马斯克和乔布斯都是拥有远见卓识的领导者。

谷歌创始人拉里·佩奇在2014年接受采访时曾表示，愿意在死后将数百亿美元的遗产全部交给埃隆·马斯克去管理。

佩奇为什么要把数百亿遗产交给一个没有血缘关系的人呢?

这显然与马斯克的所作所为和所取得的成就密不可分——

他参与设计了网络时代第一个内容发布平台,参与创立和投资世界最大的网络支付平台,成立了美国最大的私人太阳能供应公司,参与设计了能把飞行器送上空间站的全世界价格最低的新型火箭,主持生产了世界上第一辆能在 3 秒内从静止加速到 100 千米 / 时的电动跑车……他的公司已经提供了大量的就业机会,给社会带来了巨大的福利;并且,他最大的愿望就是让地球变得更美好。

在美国著名的问答网站上,有人问:"我怎样才能像马斯克一样了不起呢?"其实,这也正是我近两年一直想问的问题。

马斯克的第一任妻子贾斯汀回答说:"极端的成功缘于极端的性格,是以其他许多事情为代价的。""他是圆孔中的方钉。""他可以在转化自身弱点的同时创造出额外的优势。""他不惧怕失败,哦,也许他也是怕的,但是他仍然在恐惧中前行……"

贾斯汀回答得很真诚,也很艺术。她好像给出了明确的答案,又好像什么都没说。

马斯克到底是怎样一个人？我们怎样评价他才算客观呢？为了追逐"让世界变得更美好"的理想，他是如何努力的呢？他付出了怎样的代价呢？为了探求这些问题的答案，我对自己两年来多方搜集的材料进行了认真系统的整理，悉心编写了《马斯克传奇》一书。

其实，马斯克的传奇不在于他创办了几家公司，赚取了多少利润，创造了多少奇迹，而在于他产生了多少梦想，他怎样改变了我们的世界，他怎样用实干精神向我们展示了生活的无限可能……

不管您是不是喜欢马斯克，我都希望您从他的成长和创业经历中获得启迪，开阔眼界、开拓思路，学会从容地面对生活中的各种问题，更深刻地理解和把握人生，变得更加明智、自信、富有和快乐！

赵　宁

目　录

PART 03

第三章
初露锋芒

PART 04

第四章
太空探索

PART
05

第五章
电动汽车

PART 06

第六章
绿色能源

PART 07

第七章
收购推特

PART
08
第八章
改变世界

PART
09
第九章
个人生活

第一章
南非岁月

—

PART 01

　　在很多作家的笔下，马斯克小时候父母离异，遭受校园暴力，生活很悲惨，很压抑。实际上，他小的时候家里非常富裕，不仅有豪车，还有私人飞机，他还有机会到处旅游。他8岁就有了摩托车，10岁就有了个人电脑。当然，他后来成功靠的不是家业，而是因为继承了家族敢想敢干敢冒险的精神，从小养成了爱学习、爱思考、爱动手的习惯……

一个喜欢冒险的家族

1872 年，在美国的伊利诺伊州，一个叫约翰·埃隆·霍尔德曼的男孩出生了。后来，他跟随家人到明尼苏达州生活。在那里，霍尔德曼遇到了比他小 5 岁的阿尔梅达·简·诺曼，两人结了婚。

1902 年，30 岁的霍尔德曼和阿尔梅达在明尼苏达州中部一个小镇安顿了下来，随后生下了儿子约书亚·诺曼·霍尔德曼。约书亚就是本书的主人公马斯克的外祖父，也是对他的性格及人生影响较大的偶像。

约书亚小时候体格矫健，性格独立。他 5 岁的时候，随父母搬到了被誉为"产粮之篮"的加拿大的萨斯喀彻温省。这里与美国的蒙大拿州和北达科他州接壤，有无边的土地和广阔的草原。

约书亚 7 岁的时候，他的父亲霍尔德曼去世了。于是，约书亚承担起了帮母亲维持家庭生计的重担。他很快就学会了开垦荒地、驯养野马、拳击和摔跤等当时农夫必备的技能。

十几岁的时候，约书亚来到美国的艾奥瓦州，在那里的一所按摩学校学习了按摩技术。获得学位后，他又回到加拿大的萨斯喀彻温省当农夫。

20 世纪 30 年代经济大衰退的浪潮袭来，失去农场的约书亚开始一个人四处漂泊。他做过建筑工人，当过牛仔竞技表演者，最后成了一名按摩师。

1948 年，已经 46 岁的约书亚结婚了，他的妻子是加拿大舞蹈教师温妮弗雷德·弗莱彻。夫妻俩开了一家按摩诊所，生意还不错。温妮弗雷德在生了一对儿女之后，又迎来了双胞胎女儿卡耶和梅耶。梅耶就是马斯克的母亲。

按摩诊所生意兴隆，约书亚攒下了一些钱。喜欢冒险的他开始探索新的生活，学会了驾驶飞机，还购买了一架单引擎的私人飞机。梅耶很小的时候，就和哥哥姐姐一起坐在那架飞机的后座上，跟着父母在北美洲大陆四处游历。

虽然喜欢冒险，但约书亚对家人行为举止的要求是十分严格甚至可以说是苛刻的，他禁止家人说脏话、吸烟，不许家人喝可口可乐，甚至不许家人食用精制面粉。冒险精神和严格的家教，对于梅耶后来的生活和教育子女的理念都产生了重要的影响。

因为不是很喜欢当时加拿大的社会风气，约书亚卖掉了房子和按摩诊所，决定一家人搬往南非。因为约书亚听说南非是创业的圣地，这里的人不崇拜巫师和酋长，而是崇拜精英和企业家。最后，一家人在比勒陀利亚定居下来，重新开了一家按摩诊所。

约书亚不关心南非的时政，他和妻子驾驶飞机飞往世界各地。1954 年，他们飞行近 5 万千米往返于南非与澳大利亚之间，成为当时唯一驾驶单引擎飞机从非洲飞到大洋洲的私人飞行员。温妮弗雷德除了担任领航员，也掌握了驾驶的技术，虽然没有飞机驾驶执照。

梅耶小时候的家庭环境是非常宽松的，父母只是让他们学会以父母为榜样，学会自律。当父母都去飞行的时候，孩子们就留在家里，自己管理自己。幼年的这些经历，培养了梅耶冒险和进取的性格，她一生都不怕任何困难和挫折，不停地与命运做抗争。她还特别喜欢看书。这些性格和习惯后来也传承给了她的孩子们。

1963年，15岁的梅耶报名参加了当地举行的一场选美大赛，结果竟然获得了"南非小姐"的冠军，很快有公司找她拍广告，她也在当地成了一个小名人。这时候，高中同学埃罗尔·马斯克开始追求才貌双全的梅耶。

出生于1946年的埃罗尔·马斯克，是英荷混血，长得仪表堂堂，早年移民南非，家境也挺好，在南非拥有一座翡翠矿山，还有一架私人飞机。

22岁的时候，梅耶从比勒陀利亚大学毕业了，她拿到了营养学学位。因为一直专注于学习，梅耶社会经验不是很丰富。毕业后，她没有经过认真挑选，就嫁给了追求她7年的埃罗尔。此时的埃罗尔是一名工程顾问、房地产开发商，有一定的经济条件。

埃罗尔是个满脑子大男子主义的人，而且对爱情不专一。他希望梅耶安心做个家庭主妇，可梅耶的事业心很重。她一边当模特走秀，一边拿到了营养学的硕士学位。于是，夫妻之间有了矛盾。

还在蜜月的时候，埃罗尔就开始耍起自己作为一家之主的威风，他总是试图指挥梅耶。而梅耶的性格中有倔强的一面。因此夫妻间经常会争吵。

梅耶怀孕9个多月的时候，埃罗尔仍一点儿都不体贴她，要求她挺着大肚子为自己的飞机刷油漆。但笨重的身体让梅耶没办法加快手中的工作，埃罗尔对她大骂出口。梅耶一急，动了胎气，肚子疼得难以忍受。埃罗尔只好把她送到了医院……

和别人不一样的孩子

1971年6月28日7:30，梅耶在南非比勒陀利亚的一家医院生下了一个男婴，他就是本书的主人公埃隆·马斯克。

马斯克的家庭虽然不能说是"富可敌国"，但是也相当有经济实力。不仅他的父亲埃罗尔有事业、有产业，他的外祖父家也是当地的富豪。所以，这个孩子以后有机会到处旅游，上学时能选择学费昂贵的名校。

马斯克出生时，他的母亲梅耶23岁，这在当时是女性分娩的平均年龄。梅耶经历了3天的假性分娩。到了真正分娩时，过程也异常艰难，因为小马斯克的脑袋太大了——也许脑袋大是聪明的标志。

后来，梅耶回忆说："那时，我不想借助止痛药品，只想完全靠自己自然分娩——我做到了。但是，直到今天，我仍然能感觉到那种疼痛。"——我们不难看到梅耶勇敢坚强的个性。

小马斯克一生下来，就特别招母亲梅耶喜欢："所有的痛苦都随着孩子的到来烟消云散，我实在是太快乐了。他是那么可爱的一个小天使，我不敢相信这世上居然还有如此漂亮的生命。"

家人一开始打算给他起名为尼斯（在英文中，"尼斯"与"好"的拼法相同），但是后来经过反复考虑，选取了他母亲家族的"埃隆"——这个名字最早来自梅耶的外祖父约翰·埃隆·霍尔德曼。或许主要原因是埃罗尔觉得，和自己的家族相比，妻子家族的财力更雄厚，他希望孩子以后能多赚钱。所以，这个新生儿的名字就是埃隆·马斯克。

巧的是，当时有一本非常流行的科幻小说《火星计划》，书中火星殖民地的管理者就叫埃隆。如今，埃隆·马斯克早已因为他自己的"火星计划"名声大噪。

像马斯克家族这种富裕的家庭，生活条件是非常好的，不仅衣食无忧，一家人的生活起居还有管家照料。家里总爱举办聚会，喝酒、烤肉、跳非洲舞，一直狂欢到深夜……奇怪的是，从小生活在这样的家庭环境中的马斯克，后来性格却比较内向，非常喜欢清静。

马斯克出生一两年后，他的弟弟金巴尔和妹妹托斯卡也先后出生了。

在梅耶的眼里，马斯克很小的时候并没有表现出任何奇特的地方，只是胃口非常好，特别能吃，时常会因为母乳不足而号啕大哭。尤其是在半夜的时候，他哭起来吵得四邻不安，梅耶因此多次受到邻居的抱怨。好在只要喂吃的东西，他就会停止哭闹，甚至会破涕为笑。梅耶觉得儿子笑起来特别可爱。

马斯克三个月大的时候，梅耶就开始给他补充温牛奶和温水；四个月之前，他的食谱就换成了全脂牛奶；快到五个月时，他开始吃婴儿麦片。后来她又给他加上了水果泥、蔬菜。马斯克不挑食，真的是一个特别能吃的孩子。

虽然特别能吃，小马斯克的发育并不合乎常规。直到3岁，他才学会走路。梅耶甚至一度担心儿子腿脚有毛病。长大后，马斯克的运动能力也不是太强。当然，这没有影响他大脑的发育。虽然别人觉得他貌似有点儿呆，但是梅耶坚持认为："我的小埃隆是一个小天才，他和别的小孩不一样。"

内向的思考者

小马斯克终于学会了走路，很快就能在院子里跑了。梅耶感到很高兴。可是，就在这时候，梅耶的父亲约书亚在飞机降落时发生了意外，结束了传奇的一生。这时候的小马斯克只有3岁。他看见一向开朗的母亲梅耶经常默默流泪。从此，他也不那么爱笑了。

对妻子不太友善的埃罗尔，原本对岳父还是有几分忌惮的，这时候却变本加厉、原形毕露了。梅耶不但要忍受被家暴，同时还要面对丈夫的不忠诚和到处拈花惹草。但是，自私的埃罗尔却把妻子看得牢牢的，恐怕别人有可乘之机。

一天，梅耶和埃罗尔带着孩子一起参加社区啤酒节庆祝活动。邻桌的一个男人喝了过多的啤酒，非常亢奋，对梅耶吹口哨，还说："你身材真好，简直太迷人了。"

埃罗尔非常生气，但他没有去教训那个不礼貌的男人，而是对梅耶举起了拳头。同桌的邻居费了好大的劲儿，才拉开了埃罗尔。这种场面让小马斯克觉得父亲一点儿都不可爱，甚至有些可怕。

马斯克4岁的时候，梅耶决定送他去上学。可是校长劝阻梅耶，建议她多等一年。因为班上的孩子大都是五六岁的年龄，校长担心，马斯克年龄太小，和其他学生玩不到一起。

梅耶却觉得自己的孩子特别聪明，是一个天才，应该早点儿上学。然而后来的事实证明，小马斯克提前上学是个错误，他在学校没有朋友，上课时还经常容易走神。

在小马斯克的眼中，父亲埃罗尔似乎变得越来越狂躁，当着他和弟弟妹妹的面，父亲经常动手打母亲梅耶。这时候，马斯克总是又气又急。

一次，小马斯克看见父亲埃罗尔又在动手打母亲梅耶。他不顾一切地冲了过去，一边大哭，一边用小拳头拼命地去击打埃罗尔的膝盖。小伙伴打自己的时候，马斯克甚至不知道还手，但是幼小的他，已经知道了保护妈妈。这让梅耶倍感欣慰。

埃罗尔除了动辄就对梅耶拳脚相向，对三个孩子也没有耐心，他们经常因为犯了一点儿小错而被罚站。有时候，在埃罗尔的大声责骂中，马斯克一站就是几个小时，不准喝水不准吃饭，更不准动。这种家庭的不和谐，从小就给马斯克留下了心理阴影，他因此变得沉默而自卑。

依梅耶要强的个性，她是完全不可能接受埃罗尔这样的男人的。但当时南非还没有家暴可以离婚的法律条文，所以她只能忍着。直到1979年，南非通过了家暴可以判定离婚的法律，梅耶立刻就和埃罗尔离婚了，她带着8岁的马斯克和金巴尔、托斯卡三个孩子搬到了娘家，和母亲温妮弗雷德住在了一起。后来马斯克和金巴尔一度主动提出去跟父亲住了一段时间。

不说埃罗尔的业务和经营能力，他在做人的品行方面的确是有所欠缺的。和梅耶离婚之后，他很快决定再次结婚。不过脾气暴躁的他，竟然在婚礼现场就决定离婚了。

埃罗尔的那位"准新娘"也是一名模特，她在后来还和梅耶成了朋友。每次和别人讲起梅耶时，她都这样说："这个梅耶和我前夫埃罗尔的婚姻维持有10年，而我和埃罗尔的婚姻只维持了10分钟。"

随后，埃罗尔很快又认识了离异带着一个孩子的超模海德，两个人结了婚。海德带着一个 4 岁的女儿，名叫贾娜。几乎令所有人感到意外的是，2022 年，网上居然爆出了 76 岁的埃罗尔和自己的继女贾娜生孩子的绯闻。

跟着单亲妈妈生活的马斯克变得更加沉默寡言。在学校里，他不愿和其他同学在一起玩。在老师的眼中，他绝对不是一个聪明的孩子，反而可能是一个有问题的学生。

这天，梅耶被校长叫到了学校。校长说："我们觉得埃隆的智力发育有些迟缓。他总是发呆，根本不好好听课。"

旁边的一位女老师想证实校长的结论，她举例说："今天上午，埃隆一直看着窗外，当我提醒他认真听课的时候，他却回答说：'外面的树叶正在变黄呢。'"

在梅耶的眼中，小马斯克是个天才，她绝对不能容忍别人说他智力发育迟缓，所以为儿子辩解说："可是，树叶确实变黄了呀，难道不是吗？"

相比之下，埃罗尔更容易给出马斯克负面的评价："埃隆一直是个性格内向的孩子。"他甚至直接抨击马斯克"愚蠢、没用"。父亲长期的语言暴力、精神虐待，使得马斯克既自卑又敏感，在同伴面前，总是显得冷漠又孤傲。

小马斯克不敢在众人面前大声讲话，也不想在别人面前讲话，他从心底疏离旁边的人，将自己包裹起来。即使是感觉到被同学们排斥，他也没有强迫自己硬着头皮去融入不喜欢的群体。对他而言，沉迷于自己的世界平生的乐趣，是和他人交流时所体会不到的。

母亲梅耶发现了马斯克的聪明和早熟，她知道儿子理解事物的速度似乎比其他孩子更快，想问题也更深入。她发现儿子总是在思考，这时候，他会非常专注，别人大声吵闹，他也不会受影响。

天才总是异于常人的。爱发呆的马斯克一点儿都不笨，反而很聪明，他只是喜欢将自己封闭在自己的小世界中，看起来和外界格格不入。

梅耶想过纠正孩子的这种习惯，但发现自己无能为力，后来也就随他去了。后来她查阅了很多资料才知道，马斯克的这种情况属于：内向的思考者。遇到梅耶这样善于理解和包容的母亲，马斯克是幸运的。

总是被欺负的那个人

世界上聪明的孩子总是少的，他们只是有自己独特的思想和处事方式，所以和一群普通的孩子往往玩不到一块儿去。如果一个人没有一点儿个性，时间长了就会变得很平庸。

世界上很多真正杰出的人，都会有一段和世界格格不入的时间。这对一般人来说，或许会用古怪来形容。但也正是这种异于常人的行为，才能让他们之后的人生大放光彩。当然，有个性的人，也往往容易成为团体中经常受攻击和被打击的对象。小马斯克在学校里正是遇到了类似的这种情况。

马斯克上学比其他同学要早一年左右。在学校里，他不仅年龄是最小的，个头也是最小的。加上他性格内向，不太爱说话，因此在学校很不受欢迎。

不过，马斯克跟同龄的孩子比起来却聪明很多。聪明伶俐的马斯克偏偏心直口快，善于发现别人的错误，还总是忍不住去纠正，这使得他更难融入到其他孩子的群体中。

南非有一句流行语："就在刚才。"在南非孩子的眼中，即使过了四五个小时，也可以说是"刚才"；而在性格急躁而又直爽的马斯克看来，超过5分钟，就是"过去的事"了。在概念的问题上，同学们争不过马斯克，但是他们更有力气，于是，"文斗"最后变成了"武斗"。

经常挨打的马斯克并不长记性，总是直白地指出同学的"错误"，因此总是被同学疏远和排挤。他认为自己是在帮助他们，他们却觉得他非常自大，总是压制和欺负他。马斯克也不愿意礼貌地对待那些他认为是傻瓜的人。所以，在学校里他变得非常孤独。他的弟弟金巴尔在第一天上学就能交到朋友并把他们带回家，但马斯克做不到。马斯克不愿意遵守世俗的规矩，他自己也时常能够感觉到与社会格格不入。

不纠正别人错误的时候，马斯克不爱说话，经常发呆并沉浸在自己的世界里，干自己想干的事。他的身边没有朋友，他的身材又相对矮小，所以，那些顽皮的孩子经常会拿他来开心，不时骚扰他。马斯克要经常躲避这些坏小子，但他们还是会通过各种方法找到他，变着花样欺负他。

有一次，马斯克正坐在楼梯上吃东西，一个男生从身后把他推下了楼梯。他滚到地上后，一群男生围着他殴打。那个把他推下去的孩子揪着他的头，使劲儿往地上撞击。

满脸是血的马斯克晕了过去，最后被送到医院救治，治疗了一个星期才回到学校。直到成年后，马斯克还需要通过矫正手术去修复鼻子内部的组织。

最使马斯克感觉难受的是，他从医院回家之后，还被愤怒的父亲埃罗尔狠狠训斥了一顿，他被骂得一无是处。

不喜欢马斯克的那些学生，还殴打愿意和马斯克正常交往的孩子。因此，马斯克在学校里感到非常孤独。

在很长的一段时间里，马斯克被"这群恶霸"纠缠得无可奈何，只能以泪洗面。他认为学校是"梦魇之地"，吵着要退学。这时，父母都忙着干自己的事情，无暇顾及马斯克的感受，只是认为他顽皮、淘气，难免和其他孩子发生冲突。

因为根本没有求助的对象，甚至父母也不给他撑腰——父亲更多的是责骂，而母亲也只是安慰和建议他"不要在意在学校受欺负的事"——马斯克只能每天早上按时起床，然后硬着头皮去学校，自己去努力面对种种困难和挫折，尽管他非常讨厌这一切。

感到痛苦的时候就看书

孟子说:"天将降大任于是人也,必先苦其心智……"西方人说:"挫折和困难是孩子成长最好的试金石。"对待挫折和困难的态度,决定了一个人的未来。

虽然在学校里受尽了欺负,没有朋友,内心的委屈无处可倾诉,但马斯克并没有绝望,也没有妥协。他逐渐形成了自己的"逃避机制":感到痛苦无助的时候,就看书,看各种各样的图书。

在小学三年级的时候,马斯克每天能看完两本书。四年级的时候,马斯克竟然把学校图书馆里自己想看的书都看完了。他的记忆力非常好,读过的大多数书都能过目不忘。之后他开始读一整套的《大英百科全书》,并且几乎背了下来。阅读百科知识等书籍,让他认识到了自己的无知,并激发了他对未知领域的探索兴趣。更难能可贵的是,他竟然能够把学到的知识,主动应用到自己的生活中。

马斯克不仅帮助弟弟妹妹解决难题,甚至还经常给母亲梅耶提供问题的答案。家人对他的学识都是非常认可的。每当家人遇到问题时,他的小妹妹托思卡就会说:"快叫天才小子来。"

和许多其他小孩一样，马斯克小时候有段时间非常怕黑。可是，在读了科普书籍后，他得知夜晚之所以漆黑一片，是因为缺少一定波长范围的可见光，周围的世界实际上跟白天没有什么不同。了解到这一点之后，他觉得怕黑这件事挺蠢的，从此他再也不害怕黑暗了，还帮助弟弟和妹妹战胜了对黑暗的恐惧。

不上学的时候，马斯克经常溜进书店，一直到书店关门才极不情愿地离开。

父母有时会带马斯克去参加一些聚会，给他介绍一些亲戚朋友、商业伙伴。小马斯克对于人际交往，远不如对图书感兴趣。如果觉得那个人不够有趣，他就会悄悄拿出之前准备的书，放在餐桌底下看。

随着1969年人类首次登上月球，各类题材的科幻图书和影视作品，层出不穷地在市场上涌现。受时代环境的影响，马斯克从小对科学产生了浓厚的兴趣。在周围的小伙伴还在兴高采烈地玩各种玩具的时候，马斯克已经开始阅读《基地》《星球大战》《银河系漫游指南》等科幻图书了。在阅读完这些作品之后，他会禁不住对着浩瀚的星空展开无穷想象。

《银河系漫游指南》这本书不仅安慰了他年幼孤独的心，还教会了他如何去思考问题，使他懂得了："问题比答案更难。只要问对了问题，那么自然而然就能找到正确的答案。"从此，他变得更加善于思考，善于提问，经常问得做工程师的父亲很不耐烦。

还有一本令他印象深刻、对他影响很大的魔幻小说，是约翰·托尔金的《魔戒》(也叫《指环王》)。故事讲的是：在传说的中土世界第二纪，黑暗魔王索隆铸造了十九枚戒指和一枚至高无上的至尊魔戒。借助这枚魔戒，索隆可以隐身、长生不老。更可怕的是，这枚魔戒能够控制其他十九枚戒指。索隆以此达到了控制全世界的目的。要获得自由与和平，必须销毁魔戒……

《魔戒》中小人物的壮举，象征了现实世界里千千万万普通人崇尚的英雄主义。作者想告诉人们：即使物质世界让人失望，也不要放弃对善的追求。马斯克长大后正是照着这种理想奋斗的。

正如评论家所指出的："一个具有儿童心理的读者，比一个批评家更能看出《魔戒》的价值。"这本书帮助马斯克塑造了他未来的理想。小说使小时候的马斯克产生一种渴望，他开始幻想去改变世界。这为他以后的事业和追求打下基础。

课余的多数时间，马斯克都完全沉浸在自己的世界里，他不是在看书，就是在回味书中的人物、书中的情节。因此，在同学和老师的眼中，他经常表现得"目光呆滞"。

很多孩子跟他开玩笑，会突然在他身边大喊大叫吓唬他，但往往马斯克都置若罔闻，继续看自己的书，思考自己的问题。老师和同学渐渐怀疑他的智商和发育出现了问题。

尽管母亲梅耶一直认为他是天才，但马斯克的学校表现和学习成绩却并不太好，他被老师认为是"发育迟缓""注意力不集中"的"问题学生"。

为此，马斯克的扁桃体被医生摘除了。因为医生认为扁桃体肥大会引发反应迟钝、注意力不集中等现象。这倒并不是因为南非的医学落后，或出于某种迷信的考虑。即使现在，仍有很多医生认为，扁桃体肥大有可能会影响智力和发育。一方面，扁桃体肥大的症状出现以后，小孩有可能会觉得咽喉部位不舒服，影响吃饭和分散注意力；另一方面，可能会影响呼吸，导致睡觉时打鼾，不但影响睡觉效果，还可能造成大脑的氧气量不足，从而影响智力的发育。

当然，对马斯克来说，智商不仅正常，而且超常；注意力不但能集中，而且能专注到忘我的程度——除非他不感兴趣。所以这种治疗不可能产生效果，解决老师眼中的"问题"。

小学阶段，马斯克的数学和英语只能勉强得"优"。初中毕业，他的数学成绩只是"良"。老师给他的评语是："他反应不够灵敏，做事非常慢，很少能完成一些事情。他不是在胡思乱想，就是在做不该做的事情。"

不管老师怎么说，马斯克这段经历和爱看书的习惯让他受益匪浅。他爱读书的习惯一直保持到现在，对于他的事业发展产生了难以估量的积极影响。

马斯克成为世界知名的商界精英人物后，无数人对他跨越网络、新能源和航空等多个前沿领域并取得巨大成功而惊讶不已。当有人问起他是怎么掌握这么多相关专业方面的知识时，他总是如实回答："我看了很多书。""我是靠书本长大的。影响我的先是书，然后才是我的父母。"

正是广泛的阅读，使马斯克逐渐产生了"改变世界"的想法。小时候他看了很多漫画。在漫画里，英雄必须拯救世界，必须让世界更美好，否则，人生就没有任何意义。他深受这种思想的影响，把所读的书、所学的知识和生活联系起来，和实践联系起来，和自己的理想联系起来，这是马斯克的过人之处。

1983 年，12 岁的马斯克在饱读了爱因斯坦、牛顿、莎士比亚、丘吉尔和本杰明·富兰克林这些大名鼎鼎的历史人物的传记后，在落满灰尘的书架上，发现了一本《尼古拉·特斯拉传》。此时，特斯拉已经去世 40 年了。

认真读了《尼古拉·特斯拉传》后，马斯克为这位天才发明家一生坎坷的命运流下了眼泪，也对特斯拉的创造能力和传奇经历赞叹不已。在他幼小的心灵里，产生了这样的思想萌芽：做人就要做像特斯拉一样的人。

最敬仰的人物

在马斯克成名之后，经常会有人好奇地问："在你的成功背后，是不是存在一位重要的导师，为你指点迷津？"

马斯克总是回答："没有，我是从书本中找到了榜样，但是我会从各个方面听取其他人的建议。"

不能否认的是，他通过大量阅读，从他所敬仰的诸多偶像身上汲取了很多优秀的品质。

马斯克所敬仰的人物，包括"英国精神的化身""英国人的坚强领袖"温斯顿·丘吉尔，"从苍天那里取得了雷电，从暴君那里取得了民权"的"美国第一位大科学家"本杰明·富兰克林，拥有超过1000多项发明专利、创立通用电气公司的发明家、企业家托马斯·爱迪生，第一位利用流水线使汽车成为一种大众产品的"20世纪最伟大的企业家"亨利·福特等。

其中，对马斯克的事业和人生影响最大的人物，却是19世纪的传奇发明家、物理学家尼古拉·特斯拉。经常有人说："提起马斯克，就要谈特斯拉；提起特斯拉，就会想到马斯克。"这里的"特斯拉"指的不仅是电动车的品牌，还可以指代天才的发明家尼古拉·特斯拉。

尼古拉·特斯拉是十足的"科学狂人"。他发明了交流电并设计了现代交流电系统，拥有汽车的火花塞等数不清的小发明；在机器人、弹道学、核子物理学和理论物理学等诸多领域，都做出了贡献。他被崇拜者们称为"创造20世纪的人"，也被认为是"疯狂科学家"的原型。国际单位制中用来衡量磁场强度的单位，就是以特斯拉的名字命名的。

1882年秋，在奥地利长大的特斯拉到爱迪生电话公司巴黎分公司当工程师，并成功设计出第一台感应电机模型。

两年后，特斯拉第一次踏上美国国土。他的前老板在专门写给托马斯·爱迪生的推荐信中是这样介绍特斯拉的："我知道有两个伟大的人，一个是您，另一个就是这个年轻人。"爱迪生雇用了特斯拉。

后来，特斯拉取得了高频率交流发电机的专利，为美国尼亚加拉发电站制造发电机组，使马可尼的无线电通信理论成为现实，曾多次尝试向火星发信号，制造出世界上第一艘无线电遥控船……

1928年，特斯拉设计了一种"没有机翼，没有副翼，没有螺旋桨，没有其他外部装置的飞机"并获得专利，但因为缺乏研制费用而没能制成样机。后来有人根据他的设计，成功制造了能垂直起落的飞机……

特斯拉的发明创造过于超前，在当时很难被人接受，他本人及其成果成为科学界争议的对象，被世人公认为一个谜。他所发明的技术，是许多科幻小说的主题。

特斯拉说："从具有可行性的理论到实际数据，没有什么东西是不能在脑海中预先测试的。人们将一个初步想法付诸实践的过程，完全是对精力、金钱和时间的耗费。"

他一生致力于不断研究，每天只睡两个小时，研究领域包括交流电系统、无线电系统、无线电能传输、球状闪电、涡轮机、放大发射机、粒子束武器、太阳能发动机、X光设备、电能仪表、导弹科学、遥感技术、飞行器、宇宙射线、雷达系统、机器人……最终独自取得700多项发明专利。为了献身科学研究事业，他终身未娶。除了是一位科学家，他还是诗人、哲学家、音乐鉴赏家、语言学家。他精通8种语言：塞尔维亚语、英语、捷克语、德语、法语、匈牙利语、意大利语、拉丁语。

特斯拉于1943年在纽约病逝时，没有留下任何钱财，只留下了这样三个遗愿：

第一，找到新食物，找到可以灌溉内心所有渴望的能量；第二，消灭引发人类生命中的邪恶和苦难的力量；第三，找到宇宙中超量的光，使得宇宙中出生的每一个生命都有所成就。

《纽约太阳报》对特斯拉的评价是："他是个古怪的人，不管指的是哪方面。他很有可能就是不墨守成规。无论发生什么，他都能丢下他的实验，跑到先驱广场去喂鸽子。他喜欢不着边际地海侃神聊，是一个很难对付的人，而且他的预言有时会挑战普通人的智商。但是，这些都不影响他被誉为一个非凡的天才。他当之无愧。他看到了模糊而神秘的边界，那是已知和未知的分野……但今天我们确实明白，特斯拉这位表面愚憨的老绅士，很多时候都以他的超级智慧来努力寻求答案。他的推测经常是对的，为此我们会感到害怕。也许几百万年后，我们才会更加欣赏他。"

对普通人来说，也许需要几百万年后才会更加欣赏特斯拉，而同样喜欢"以他的超级智慧来努力寻求答案"的马斯克，却从小就非常欣赏特斯拉，学会了"以悲悯心看地球看苍生"，并且像特斯拉一样始终聚焦人类发展创新的福祉。

为了像自己的榜样特斯拉一样有所发明、有所创造，马斯克从小就喜欢研究，喜欢动手去操作，虽然在一些成人的眼中，那不过是淘气⋯⋯

他学会了自制火药

马斯克特别爱读书，而且一读书就入迷。然而，马斯克并不是像其他"书呆子"那样，每天只是躲在书本后面。他是一个爱探索、爱动手实践的孩子。

有一本名叫《伽利略号火箭飞船》的科幻小说，书中讲述的有关登月和航空的故事，不仅有精彩的情节，还讲述了一些很酷的技术细节。马斯克读后浮想联翩，马上产生了亲自试一试的冲动。

根据从书上学到的知识，他把硝石、硫黄和木炭组合在一起，制成了火药。他知道，再用强酸和强碱混合，就可以产生巨大的爆炸能量。

马斯克在家里的后院布置了一个发射场，场地上竖起了自制的炸药和"火箭"。遗憾的是，这次发射没有成功，倒是把堆在院子里的家具炸碎了，还好没有伤到人，没有酿成事故。不管怎么说，他觉得自己已经学会了自制火药。

事后他一点儿都没害怕，反而为自己学会了自制火药而感到非常兴奋。他觉得，只要自己没受伤，十个指头都完好无损，就值得庆幸。

　　母亲梅耶也没有责怪马斯克，只是提醒他，一定要注意安全，千万不要伤到自己或别人。马斯克嘴里答应着母亲，但是，当他面对一个非常讨厌的男人的时候，还是忍不住要试试自制火药的威力。

　　马斯克的外公一直反对在家里吸烟。母亲梅耶从小就向几个孩子灌输了这一点。所以，他们全家都很讨厌香烟。

　　在父母离婚后，马斯克和他的弟弟、妹妹非常讨厌一个和母亲梅耶约会的男人，这个男人不仅粗鲁，而且毫无顾忌地当着他们一家人的面吸烟。

　　马斯克提醒了母亲梅耶，最好别让这个男人来家里。但是梅耶正在享受一种美妙的感觉，因此，没把儿子的话放在心上。

　　于是，马斯克决定自己来处理这件事。他和弟弟在那个男人的香烟里悄悄放入了自制的火药。

　　那个毫不知情的男人点燃香烟的时候，火药爆炸了！

　　孩子们笑个不停，一向泼辣和爱冒险的梅耶也觉得相当有趣，和孩子们一起大笑起来。

　　只有那个男人的脸是黑沉沉的，他的手被火药熏了，他被意外的爆炸吓得够呛。此后，那个男人再也不敢来马斯克的家里了……

　　母亲梅耶并没有责怪马斯克。他长大后非常感激年少时的自由经历和母亲对他的理解、支持、包容。除了玩火药，马斯克还尝试过很多从书上学到的技能。

按照书中讲述的要领，马斯克还自学了魔术和催眠。他让妹妹托斯卡以最舒服的姿势在椅子上坐好，闭上眼睛，做几次深呼吸，从头到脚放松，心里慢慢从 100 倒数到 1。然后，马斯克用缓慢的语气在托斯卡的耳边轻声说："我是一只小狗，我饿极了，现在要吃点儿东西。"说着，他把早准备好的一根生香肠放到了托斯卡的手里，继续说着："张开嘴，把手里的食物放进嘴里，用力咬。"托斯卡居然愿意完全配合，要不是马斯克手快，及时拦住了她，托斯卡看起来真的会毫不犹豫地去咬生香肠……

非常难得的是，马斯克虽然淘气，但是内心善良。他不会去伤害正常、无辜的人，甚至对小动物也非常友善。

一次，马斯克在自家院子里奔跑时，家里养的一只名叫"莫德"的狗突然袭击了他，咬破了他的裤脚，他小腿肚也被撕裂了一道伤口，出了好多血。梅耶吓坏了，赶紧把他送到了医院。

在急诊室里，医生们正准备给马斯克消毒止血，他却先提出要求："妈妈，你答应我，不要惩罚莫德好吗？它是无意的，都怪我跑步惊扰了它。你不答应我饶恕莫德，我就不接受治疗……"

梅耶安抚他说："你赶紧好好配合医生治疗，我们会考虑你的请求的。"

事后，马斯克得知那只狗还是被大人们给打死了。他为此伤心了好久……当然，这并不意味着马斯克的内心懦弱或者脆弱，实际上，他是一个非常坚强和爱冒险的孩子。

第一次独自冒险

在整个成长过程中，对马斯克影响最大的就是他的外祖父和母亲梅耶。虽然外祖父约书亚在马斯克 3 岁的时候就去世了，但外祖母和母亲经常讲外祖父英勇冒险的故事给他听。马斯克对外祖父充满了羡慕和崇拜，而约书亚那种近乎疯狂的冒险基因也从小就深植于马斯克的体内。

除了看书和在院子里淘气，马斯克还经常领着弟弟金巴尔去外边冒险。复活节前夕，他们会挨家挨户地卖复活节彩蛋。尽管彩蛋装饰得并不漂亮，但为了多赚点儿零花钱，马斯克决定把彩蛋的售价提高几倍，去卖给他们富裕的邻居。

金巴尔有些担心地问："邻居们会不会嫌贵而拒绝咱们呢？"

马斯克说："不试试怎么能知道？万一他们不在乎多花几美元呢？"

结果，他们真的卖出去了好几份复活节彩蛋。当然，这类冒险还算是比较安全的，对于那些更有风险的事，马斯克也不怕去尝试。

马斯克 7 岁的时候，他的表哥家举办了一次聚会，马斯克非常想去参加。但是，因为他淘气，必须受到惩罚，母亲只肯带着弟弟妹妹，把他一个人留在了家里。

母亲他们出门之后，马斯克无论如何都控制不住想追赶过去的强烈欲望。

表哥的家在城市的另一头，距离马斯克家大约有 20 千米。

马斯克本打算骑自行车去，但是母亲梅耶告诉过他，骑自行车需要执照。如果没有执照的话，在路上可能会被警察扣下。为了避免不必要的麻烦，马斯克最终决定偷偷走路去表哥家。

尽管马斯克走得很快，然而路程比他想象的要远得多。他一路上后悔自己没有骑自行车。他甚至暗下决心，以后出远门不仅要骑自行车，甚至要骑上摩托车。大约花了 4 个小时，他才走到了表哥家门口。这时候聚会结束了，母亲梅耶正好带着金巴尔和托斯卡从表哥家出来，被出现在门口的马斯克吓了一大跳。

7 岁的时候独自走了 20 千米，这几乎是马斯克人生中的第一次大胆的冒险。虽然一路上非常劳累和担心，但是到达目的地的时候，他有一种莫名的成就感和满足感。事后他一点儿都没有后悔，反而觉得如果不这样冒险，才会觉得非常遗憾。

8 岁时，马斯克在杂志上看到了一个日本雅马哈儿童摩托车的广告，宣传说"适合 8 岁以上的儿童"，他觉得这款小摩托就是为自己量身制作的，于是他请求父亲埃罗尔给他买一辆。

马斯克拿着那本登广告的杂志，站在父亲埃罗尔的椅子旁，一遍又一遍地陈述自己的理由。正在读报纸的埃罗尔命令他安静。马斯克停止了说话，但是仍然坚持手拿杂志，站在父亲身边。连续好几天晚上都是这样。

埃罗尔最终妥协，给马斯克和金巴尔各买了一辆蓝金色的50cc雅马哈摩托车。

一开始马斯克和金巴尔主要在农场里边骑，后来就戴着头盔骑上公路，他们从来没有发生过任何事故。也许在很多其他的家长看来，给这么小的孩子买摩托车是疯狂的，但是，他们一家这样做了。而且，马斯克和金巴尔体会到了真正的成长。

一次，马斯克和金巴尔一同骑车去约翰内斯堡，总共骑了大约80千米。

马斯克以为自己知道去的路线，但是他们根本没有地图，半路上就迷路了，最后不得不穿过一些非常荒凉的地区，才到达了目的地。但是，马斯克并没有因此而害怕和后悔，他想起了母亲讲述的外祖父约书亚的故事。

约书亚能在不使用任何电子设备，只依靠罗盘的情况下，驾驶一架小型飞机从南非飞到澳大利亚，然后再从澳大利亚带着马斯克的外祖母一起返回南非。他们在飞行途中停下来补充燃料，但是有的地方只能找到柴油，而有的地方只有汽油，而他们的飞机本来用的是航空煤油。于是，约书亚就自己动手改造引擎。

约书亚曾告诫梅耶和其他家人："只要你想做某件事情，你就一定能做成，你只需要做出决定，然后放手去做。你要敢于冒险，并随时为意外做好准备。"通过多次讲述，梅耶把这种人生理念完整地传递给了马斯克。

外祖父的精彩人生及其对"飞天"的偏执追求，早早便在马斯克的幼小心灵里植下了梦想的种子。他那非同寻常的冒险性格，在很大程度上也是直接来源于他的外祖父。此后，他一直遵守这样的教诲：你要敢于冒险，并随时为意外做好准备……

他的商业天赋

1981 年，10 岁的马斯克走进约翰内斯堡的桑顿城购物中心的一家电子产品商店。他没有注意那里销售的电视和音响器材，反而被一台被摆放在角落里的计算机吸引了。

那是一台刚刚面世的 VIC–20 型计算机，虽然只有 5KB 的内存，但是，看着销售人员的操作，马斯克一下子就被迷住了。

那个时代的电脑非常简单，只能用来玩"银河战士"和"阿尔法炮手"之类的简单游戏。不过，这已经足以让马斯克痴迷了。

马斯克软磨硬泡，终于利用父亲的赞助和自己攒的零花钱凑足了 500 美元，买了人生中第一台电脑。

销售商随机赠送了一本 BASIC 汇编语言教学手册。10 岁的他竟然用3天时间自学完了大多数人需要6个月才能学完的电脑编程教材，并且开始尝试自己写程序代码。

从此，马斯克迷上了各种类型的电脑游戏，第一人称射击、冒险类等，并且为之痴迷。从"银河战士""文明"到"魔兽"，他都是狂热的游戏迷，玩起来可以说是废寝忘食。

但在那个时候，所有人都觉得计算机、电脑游戏除了用来消遣，没任何用途。连身为工程师的埃罗尔也认为电脑"不能用于真正的工程项目""是毫无意义的玩意儿"。但是，马斯克有自己的看法。他喜欢沉迷在电脑中，玩各种游戏，也在考虑能不能让游戏变得更好玩。

通过看书自学，马斯克掌握了一些编程技术。为了提高技术，他还参加过几个电脑培训班，并参加了IBM的测试，在计算机编程上展现出了极高的天赋。他开始试着动手自己编写程序，并且逐渐开始思考怎样才能使自己写的程序对别人也有用。

随着编程技术的不断提高，1983年，12岁的马斯克结合自己从科幻小说中读到的太空场景，加上大胆的想象，成功设计出一个名叫"爆炸星球"的小游戏。程序的源代码只有167行，但充分运用了动画技术，玩游戏的人要尽力摧毁外星人的太空舰队，他们携带了致命的氢弹和激光武器。虽然程序的技术难度不大，但对一个12岁的孩子来说，能自己设计出来，确实相当了不起。

小马斯克把这一游戏的源代码发表在了南非的著名杂志

《家用电脑和办公技术》上。杂志评论说："游戏的制作者，已经在头脑中形成了伟大的太空征服计划。"马斯克因此赚到了人生的第一桶金：500美元。对一个孩子来说，这可是一大笔钱。

这次成功极大地激发了马斯克进一步研究游戏和电脑软件的兴趣。他用这笔钱买了些新的游戏，还对电脑进行了升级……

马斯克对电脑和游戏的兴趣越来越浓。16岁时，他和弟弟金巴尔准备合伙在学校附近开一家电子游戏厅。因为他们最清楚哪些游戏最好玩、最流行，所以觉得这是一门好生意，一定能从中赚到很多钱。

马斯克和弟弟拿到了租约，供应商也找好了，但是在办理手续时却卡了壳。他们发现，需要有成年人的签字，才能获得必要的经营许可。父亲埃罗尔并不支持两个孩子干这些。

虽然这次"游戏厅计划"没有成功实施，但是马斯克所表现出来的商业天赋已经引起了包括父母在内的不少人的重视和震惊。

十五六岁的时候，马斯克还开始接触股票了。他似乎对股票有着异常准确的判断。他购买了几只股票，结果很是不错。他投资50美元，结果他赚到了100多美元。如果他继续在股票上投资，或许还能赚取更多的钱。可是他却没有继续干，因为他并不喜欢研究股票。相比之下，马斯克更喜欢的是看书、玩电脑、编程序。这时候，他甚至产生了征服宇宙的使命感。

中学阶段打下了知识基础

在马斯克出生之前，南非就已掀起了独立运动的热潮。在英国的控制下，南非的通用语言变成了英语，白人成了上等人。阶级和种族矛盾随着第二次世界大战的结束进一步激化。

在 1994 年之前，南非实行种族隔离制度（1994 年，曼德拉当选南非总统之后，提出了种族融合的建议，并且没有向白人复仇，南非的社会秩序才逐渐回归正轨）。种族隔离的主要目的是防止非白人族群得到投票权或发挥影响力。种族隔离会导致社会不公正，进而导致种族之间的矛盾和对立加剧，引起整个社会的不稳定。即使中小学校，也难免会遭受种族隔离的影响。

种族隔离制度在白人之间也产生了一种隔阂，特别是在说南非荷兰语的人和说英语的人之间。马斯克的家人就说英语。说英语的白人享受着更多的社会财富，有时会激起说南非荷兰语的白人的仇视心理。

1986 年，15 岁的马斯克进入了南非约翰内斯堡北郊的布莱恩斯顿中学。这所中学黑人很少，基本都是官员或社会知名人士的孩子。马斯克在这里经常挨同学欺负。他总是独来独往，基本上没有交到真正的朋友，只是和一个名叫阿舍·马苏杜的黑人同学相处得很好。

在一次午餐时，一个说南非荷兰语的白人学生说了一句侮辱黑人的话。看到马苏杜受了欺负，马斯克当即斥责了这个学生。这个白人学生和同伙把马斯克围殴了一顿。但是，马斯克没有后悔，他觉得为朋友出面是正确的，也是值得的。

后来，马苏杜在一场车祸中丧生。马斯克去参加了葬礼。在当时，对很多人来说，从来没有见过一个白人参加黑人葬礼。马斯克并不在乎这些，他怀念马苏杜，觉得自己应该去，就没考虑周围的人怎么看。这说明马斯克不仅重公平、讲义气、重感情，还不计个人安危得失，不受世俗观念的束缚。

因为马斯克在布莱恩斯顿中学总受白人同学的欺负，梅耶就设法把他转到了比勒陀利亚男子高中。这是一所收费的公立英语学校，是南非甚至整个非洲最好的中学之一，曾培养出两位诺贝尔奖获得者、几位部长和议员。

比勒陀利亚的学生行为比较端正，马斯克找到了相对稳定的学习环境。随着年龄的增长，除了仍坚持读最喜爱的科幻小说，马斯克的阅读和职业兴趣蔓延到了物理学、工程学、产品设计、商业、技术和能源方面。这种对知识的渴求，让他接触到了许多学校里没有设置的学科。

马斯克对体育缺乏兴趣，这让他在崇尚体育的环境中产生了一种被孤立的感觉。同学们在一起兴奋地玩球的时候，他只是一个人默默地坐在角落里，或者看书，或者沉思发呆。所幸他喜欢国际象棋。

比勒陀利亚男子高中有着悠久的国际象棋教学传统，马斯克加入了校队。因为他头脑聪明，可以考虑 10 步开外的棋路，所以一直保持不错的成绩。他因此也减少了一些孤独感，性格也不那么内向了。创业之后，马斯克还把国际象棋游戏放进了特斯拉汽车的车载游戏平台中。

更重要的是，马斯克和其他几个同学被选入了学校的计算机兴趣班。这时，他比较系统地学习了 BASIC、Cobol 和 Pascal 等程序设计语言。马斯克对技术的偏好开始升温，他还开始写作关于龙和超自然的故事。

中学阶段，马斯克不仅树立了征服宇宙和改变世界的理想，还为今后实现理想磨炼出坚忍的性格，培养了良好的学习习惯，打下了一定的知识基础。

父亲和母亲带给他的影响和力量

因"感情不和"和埃罗尔离婚后，梅耶开始了独自抚养三个小孩的艰难岁月。

跟随母亲的日子里，马斯克跟父亲埃罗尔见面的机会非常有限。埃罗尔只是偶尔带着孩子们去滑雪或旅行，还会从外地给孩子们带回新奇的礼物。

只有八九岁的马斯克当然很难抵制这样的诱惑。考虑到父亲的经济条件比较好，还有大量的书籍可供阅读，马斯克和弟弟金巴尔一商量，决定去和父亲一起生活，只有周末去母亲那里。

可以肯定，当时马斯克"背叛"母亲去投靠父亲，主要考虑的是生活条件，或者说是物质因素，而不会考虑精神因素，不太可能像某些媒体所描写的那样，是因为马斯克觉得"父亲看起来很伤心，也很孤独"，觉得自己可以陪着他。

马斯克兄弟俩的选择，让 31 岁的母亲梅耶伤透了心。她感到很沮丧，暴饮暴食，一下子胖了近 20 公斤。但是，为了孩子们好，她没有任何怨言，只是默默地牵挂着他们。

埃罗尔偶尔会带着孩子们去世界各地旅游。马斯克因此见识了世界各地不同的文化和生活方式，扩大了视野。

马斯克 10 岁的时候，跟着父亲埃罗尔去过一次美国。从此，美国就成了马斯克非常向往的国家。那时，他和弟弟妹妹经常玩一个名叫"美国，美国"的游戏。玩游戏的时候，他们做一些美国孩子做的事，比如自己动手打扫房子、修剪草坪，还学会了唱好多美国歌曲。

父亲对他们非常严厉，经常惩罚他们。有时父亲对他们训话的时候，会要求他们 4 个小时不能说话或有小动作。

马斯克的最大愿望是有朝一日父亲能带他去美国定居。他曾多次试图说服父亲搬到美国，但换来的都是严厉的训斥。埃罗尔不仅抨击了他的想法，还解雇了管家，并训斥马斯克说："没有管家和保姆的生活就是美国式生活，你们不是喜欢吗？自己做家务活儿，好好体验体验吧！"此刻，马斯克再次感觉到了父亲的冷酷无情，他有些怀念和母亲在一起的生活了。

马斯克成名后曾悄悄和朋友说，和父亲在一起的生活，是自己人生中最灰暗的经历。在公开场合，人们很少听到他提及父亲。而且他们还断绝了父子关系，这让人们不得不怀疑马斯克在童年时期遭受过父亲的严重精神虐待和肉体伤害。

但是，父亲在马斯克的人生中也不是一点儿美好的回忆都没留下。因为父亲博学多才，所以他总能回答出马斯克提出的各种稀奇古怪的问题。他把父亲看成是行走的百科全书。马斯克回忆起跟父亲一起生活的日子和父亲对自己的影响时说："跟父亲一起生活使我在成长中接触了很多应用科学的东西。"

有一次，马斯克和父亲去津巴布韦考察翡翠矿，他们的飞机上装满了讨好海关人员的巧克力，这是父亲传授给儿子的"社会学课程"。还有一次，马斯克和金巴尔跟随父亲去建筑工地考察，学习了铺砖、安装管道和电线等知识，极大地增长了见识。无疑，和父亲相处的日子，他获得了很多难得的开阔眼界和锻炼自我的机会。

十一二岁的时候，马斯克兄弟觉得跟埃罗尔生活在一起受限制太多，不开心，便又离开了父亲，去和母亲梅耶共同生活。

为了养活三个孩子，梅耶在从事模特工作的同时，还兼职做了四份临时工。在生活条件稍微好转的时候，她果断地创办了一家模特事务所和一家营养咨询公司。

马斯克开始给母亲的营养咨询公司帮忙。他有时会跟梅耶到她的办公室，用打字机处理给医生们的信件。马斯克甚至能教母亲掌握打字机的功能。

梅耶用自己的行动为孩子们做出了榜样，即使生活再艰辛，也不能被它打倒。她总是这样教育孩子们："坚持做你所热爱的事业，不论是哪一个领域。即使你已经做到了最好，你仍有失败的可能。但选择自己热爱的，生活便不会被浪费。"

梅耶发扬父母辈抚养孩子的优良传统，希望他们能够做到独立、善良、诚实、体贴、礼貌，努力工作，多做好事。她从来不像其他母亲对待"小宝宝"那样对待自己的孩子，也从不责骂他们，或告诉他们应该学习什么。他们只需要告诉妈妈他们正在学习什么或者没学什么就行。梅耶不会检查他们的家庭作业，而是让他们清楚地认识到，那是他们自己的责任。

当孩子们还小的时候，母亲梅耶总是教育他们："想要什么就得自己主动争取。"在她的言传身教下，三个孩子都很独立且有主见。不管孩子们想往哪个方向发展，梅耶都表示支持，虽然这给她的生活带来了重大影响，有时甚至可以说是破坏了她本来十分稳定快乐的生活。

母亲的无私付出，至少让马斯克感受到了人间的温暖，同时母爱也给予了他成就卓越的精神力量。

第二章
大学时光

———

PART 02

　　网上流传着据说是马斯克说的这样一段话："你不需要通过上大学来获取知识，……大学的价值在于和一群年龄相仿的人一起相处，交朋友，而不是直接步入社会去工作。"千万别被这样的话所误导。没有知识和能力做基础，你能指望交到什么样的朋友呢？如果我们看看马斯克在大学的经历，就会发现即便他智商过人，但在短暂的大学生涯里，他一刻都没闲着，看书学习、编程玩游戏、参加社会实践和实习……

"美国梦" 和独闯加拿大

1987 年，16 岁的马斯克高中毕业了。当时，南非孩子上大学的比例很低。但是，马斯克出身富裕的商人家庭，他完全有能力继续上大学。

种族冲突、殖民主义的遗留、极大的贫富差距、各地发展不均衡等长期存在的各种问题，使非洲成为世界经济发展水平最低的一个洲，也是世界上高等教育最不发达的地区。因此，南非一直没有能进入世界前 200 名的知名大学。要想选择更好的大学，只能离开南非。再加上南非实行的是严格的征兵制，男性到了 18 岁都要服兵役。马斯克不想入伍，多年后他自己解释说："因为我不想被迫参与到种族隔离运动中去。"

因此，高中毕业后，马斯克就开始琢磨怎样离开南非。

幸运的是，就在这个时候，加拿大的入籍政策突然变了，调整后的法律允许梅耶的子女继承她的加拿大国籍。

"美国梦"很早就在马斯克心中悄然萌生了。在年少马斯克的心目中，美国是探险家的乐园，是实现梦想的地方。

马斯克喜欢读书看报，他读到的有关尖端科技的所有信息，基本上都来自美国或者北美。他还听说，美国尖端科技的中心就在硅谷。尽管当时他并不知道硅谷在哪里，但是他觉得那一定是一个神奇的地方。那时他并不是非常清楚将来会具体从事什么，但是他相信美国就是自己实现梦想的地方。

尽管马斯克一直想去的是美国，但是，在当时的条件下，直接申请移民美国的难度是很大的。他经过评估认为，一个加拿大公民比一个南非公民移民美国要简单得多。何况，地理上加拿大离美国已经足够近了。他的母亲梅耶的许多亲戚仍然居住在加拿大，这为马斯克前往北美提供了条件。

马斯克把想要离开南非去加拿大的想法告诉了父母，结果父母都劝说马斯克留在南非，毕竟家族在这里有产业、有公司，衣食无忧，何必去冒险漂泊呢？何况他还是一个不满17岁的孩子。

马斯克自有主见，他已经开始研究怎么办理手续了。

父亲埃罗尔很不看好他的决定，说："你用不了三个月就得回来。你根本就没法实现目标，但是，你一定要等碰壁后才肯吸取教训！"

见儿子态度坚决，母亲梅耶很快改变了主意，她决定提供力所能及的帮助，放手让马斯克去闯闯。

花了一年的时间东奔西走，马斯克才拿到了加拿大护照。他又在煎熬中等待了三个星期，终于拿到了机票。他随身只带了一个背包和一个装满书的手提箱，毫不犹豫地离开了家，离开了南非，他再也不想回去了。

马斯克临出发前，母亲梅耶给了他一本地址簿和一张2000美元的旅行支票，另外写了一封信，通知加拿大的亲属接待马斯克。结果信件经过六个星期才被送到，那时候马斯克早就到加拿大了。

马斯克在蒙特利尔机场给亲戚打电话，没人接听。没有办法，他只能选择先在当地的基督教青年会住下。第二天一早，他独自坐上大巴，去萨斯喀彻温省投靠唯一联系成功的亲戚——一个表兄，并在那里过了自己18岁的生日。

在一个新的国家，马斯克没有靠山，掌握的生活技能也非常有限，差不多所有的事都是从零开始。为了填饱肚子，从来没干过粗活儿的马斯克来到表兄家的农场帮忙，日常工作是清理菜地和照料农作物。虽然听上去不是很体面，但好在不算太累。然而，接下来的工作真的有点儿让他觉得受不了了——做锅炉清洁。在农场里没有什么活儿以后，马斯克不得不去清洁锅炉。这种活儿又脏又累。他每天都穿着厚重的防护服，手里拿着沉重生锈的铲子，在又呛又闷的环境中，清理锅炉中的煤渣，一不小心就可能摔到黑暗、狭窄的通道下面。

最惨的是，如果在原地停留半个小时，他就会热得受不了。好在每个小时有2美元的报酬，虽然不算多，但是因为没有更好的赚钱办法，在马斯克看来这也值得去付出、去拼搏。

如果换成别人，其他公子哥儿出身的小伙子，估计不可能在这个岗位上坚持多久。可是马斯克不同。他把具有高危风险的繁重的体力活儿看成了一项挑战。他不怕冒险，敢于应对挑战。结果，试用期过后，马斯克继续留了下来，和他一起留下来的只有4个人，其他十几个人，包括很多农民出身一直干力气活儿的年轻人，都觉得这种活儿太难干，选择了放弃。

繁重的体力劳动只能换取少得可怜的收入，马斯克过着食不果腹的日子。甚至连吃普通的饭菜对他来说都是一种奢望，有时候他只能买烂掉的橘子充饥。后来他回忆说，这段穷困的生活让他终生难忘。

父亲埃罗尔得知他的窘况后根本没给他寄钱，只是冷冰冰地说："我早说过你挺不过3个月，不如趁早回南非。"然而马斯克拒绝了，他有自己的梦想。

凭着顽强的生存意志以及对梦想的执念，马斯克表现出了超强的适应能力，由于他个人的拼命支撑，加上母亲的全力支持，他终于度过了他在加拿大最艰难的一段时期……

皇后大学的学习时光

在马斯克离开南非之后几个月，母亲梅耶就带着托斯卡和金巴尔也来到了加拿大。

马斯克与母亲、弟弟和妹妹在加拿大团聚了。可以说，梅耶又一次为儿子马斯克做出了重大牺牲。

梅耶在离婚后有两份工作：模特和营养师。但是如果她选择移民国外，南非政府就会冻结她的所有财产，包括信用卡和房子。然而，为了支持儿子，她豁出去了。

一开始，一家人在加拿大的日子很不好过。母子4人挤在一间廉租房里，房子破旧而狭小，只够落脚，除了床，几乎什么家具都没有。为了不让孩子们受苦受累，梅耶要打好几份工来维持一家人的生计。

拿到薪水的第一天，梅耶就去买了一块便宜的地毯，一家人这才在房间里有了坐的地方。梅耶还买了一束花放在窗前，她说："即使生活再清贫，我们也可以看到希望和美好。"马斯克备受鼓舞。

梅耶最懂儿子的心思。她咬着牙，给马斯克买了一台电脑，让他可以坐在地毯上用电脑学习。

幸运的是，1989年，凭借优异的考试成绩，马斯克成功地获得了加拿大安大略省金斯顿的皇后大学入学资格。他决定到这所学校学习经济学。

实际上，这并不是马斯克初次走进大学校园。在不确定能否移居加拿大之前，他就已经进入南非比勒陀利亚大学，学习了一段时间的物理学和工程学。只是在拿到签证后他就退学了。后来这件事很少被他提及，当有人提及这个细节的时候，马斯克会辩解说，那纯粹是为了让自己在等待加拿大签证的日子有事可做。

毕竟比勒陀利亚大学和皇后大学根本没法相提并论，如果马斯克把比勒陀利亚大学认作母校，丝毫都不能为他的形象增辉。他的志向是远大的，对自己在生活中到底该追求什么，也是比较清楚的。他选择经济专业，主要是受成长环境的影响，他觉得，无论干什么，都离不开经济和管理方面的知识，虽然他也喜欢计算机和物理学。

本来，马斯克同时收到了皇后大学和滑铁卢大学的录取通知书。他在做出抉择的时候犹豫了一段时间。滑铁卢大学的物理和工程专业也很吸引他。

可是，马斯克去参观滑铁卢大学的校园时，没有看到多少女生。然后他又去了皇后大学，发现那儿有许多女孩儿。他觉得跟一堆男生混在一起的大学时代会比较枯燥。因此，他选择了皇后大学。他上大二的时候结识了第一任妻子贾斯汀·威尔逊。

安大略皇后大学是加拿大的老牌学府，这所学校的艺术、法学、生物学和医学等专业都非常出色，但马斯克选择的是经济学。他知道，专业方向并不能限制自己学任何东西。

开学后，马斯克的状态变得和中学时代不同了。因为大学的学习任务要少很多。除了专业主修的经济学、工商管理，他还学习了商科，参加了公开演讲比赛。随着学业压力的减轻，马斯克有更多的时间去研究太空探索和他感兴趣的其他知识了。

马斯克在考试成绩方面领先同学们很多。在一次经济学考试之后，马斯克和其他几个学习成绩优异的同学交换了笔记，试图估算自己的考试分数。结果大家发现，马斯克对相关知识的掌握程度，要比其他人好得多。

虽然马斯克在皇后大学时期学习成绩优异，但其实他很少去上课。他总是自己看书，然后去参加考试。马斯克阅读速度非常快，记忆力好，学习能力超乎寻常。他自由地掌握自己的时间，如饥似渴地学习一切自己感兴趣的东西。

在学习的同时，马斯克还不忘挣钱。他在宿舍里倒卖电脑配件和电脑整机，从中赚差价。马斯克可以以极快的速度帮人修好电脑并清理病毒，因此同学们都愿意付钱给他，请他帮忙。他对电脑和游戏仍然保持着浓厚的兴趣，他可以一整天沉迷在网络游戏中。玩游戏没有影响他的学习，他的成绩一直很好，总是能拿到奖学金。

在皇后大学除了学习各种知识，马斯克的社交能力也得到了提高。他在上大一时和在日内瓦长大的加拿大人纳韦德·法鲁克住在皇后大学的维多利亚厅国际层的同一间宿舍。当时，第一款大型计算机策略游戏《文明》刚刚发布。玩这类游戏时，通常是两个或两个以上的玩家彼此竞争，用高水平的战略来构建自己的帝国。马斯克坐在床上和法鲁克一起打游戏，他们完全沉浸其中，配合默契，一口气玩上好几个小时都不觉得累。由于经常在一起玩游戏，马斯克和法鲁克很快成了好朋友，毕业后还一直保持着密切交往。

马斯克成名后，回想起在皇后大学的两年校园生活时说："在大学的头两年，你会学到非常多的东西。我在皇后大学学到了一件很重要的事，那就是：如何与其他优秀的人一起合作，并且通过有效的沟通达到共同的目的。"

升入大学的两年间，除了学到大量的经济学、管理学和计算机等方面的知识，马斯克在写作、演讲、社交能力方面的进步也是非常明显的。这些都是他以后成功创业的基础。

去沃顿商学院深造

对马斯克来说，移居加拿大只是跳板，他的目标一直是美国，到美国生活是他"蓄谋已久"的事情。因此，在平时他就一直在思考、寻找和创造着机会，谋求可能达成目标的途径。

在加拿大读书的时候，马斯克就做过各种工作，他在微软的加拿大市场部实习过，在加拿大丰业银行实习过，还在一家名为"火箭科学"的电子游戏开发公司当过程序员。这一切都离不开他母亲梅耶的支持和帮助。否则，凭借马斯克的经历，他几乎没有机会进入微软这样的大牌公司实习。

梅耶时刻关注着儿子马斯克的成长。在闲谈的时候，她了解到一个营养师朋友的丈夫正好在微软工作，就拜托这位朋友设法帮忙安排马斯克去微软实习一段时间。这段实习经历不仅使马斯克开阔了眼界，也为他成功申请美国名校积累了资本。

1992年，马斯克凭借优异的学习成绩和丰富的实习经验，转入美国宾夕法尼亚大学沃顿商学院学习经济学。

沃顿商学院是世界最著名的商学院之一，也是美国第一所大学商学院，涉及金融、全球战略、保险、不动产等多个科目，致力于培养学生的领导力、创新力以及实干家精神。大名鼎鼎的美国第九任总统威廉·亨利·哈里森、沃伦·巴菲特、彼得·林奇、唐纳德·特朗普、思科公司创始人莱奥纳德·波萨克、杜邦公司第一任总裁尤金·杜邦等政商界精英人物，都毕业于这所高等学府。根据前几年的福布斯富豪榜，宾夕法尼亚大学培养的亿万富豪校友数量位居全美国第一，超过哈佛大学和斯坦福大学。

在沃顿商学院，马斯克先后接触了经济学、互联网、清洁能源、太空、物理、材料学等多个学科领域，获得了太空与新能源方面的尖端知识，这些学科知识为他后来在多个领域创业打下了坚实的基础。

在对待学习的态度方面，马斯克有自己的特色。对于与他的兴趣和梦想无关的学科，他并不太重视，即使是必修科目，也仅满足于及格。而对于有助于他实现梦想的学科，他则全力以赴，比如经济学和物理学，马斯克不仅心存敬畏，还不惜多花时间和精力去深入钻研。

沃顿商学院有 18 个研究中心，核心目标都是让教授、学生以及工商界成员共同研究和分析商务问题，它要求学生善于利用跨学科知识进行研究，学会和商界打交道。沃顿商学院对马斯克的最大影响之一，就是培养出了他将科研成果转化为营利性项目的敏锐嗅觉。

在马斯克看来，浩瀚的知识如同一棵参天大树，只有打下一个好的基础，才能在实践中对需要的内容信手拈来，灵活运用。他认为物理学是自然学科之基，它可以帮助人找到事物的本质，物理学的奥秘早已深入改变世界的方方面面，所以他坚持修完了物理学的学位。

多年后，他在演讲中解释说："我一直有种存在的危机感，很想找出生命的意义何在、万物存在的目的是什么。最后得出的结论是，如果我们有办法让全世界的知识越来越进步，那么，我们将更有能力提出更好的问题，提高全人类的智慧，为更高层次的集体文明而努力一生，这就是活着的意义。所以，我决定攻读物理和商业。因为要达成这样远大的目标，就必须了解宇宙如何运行、经济如何运作，而且还要找到最厉害的人才团队，一起发明东西。"

1994 年，正在读大学的马斯克撰写了 3 篇论文：《太阳能的重要性》《超级电容器》《文献和书籍的电子扫描》。

在《太阳能的重要性》中，带着对理想的追索和对现实的思考，马斯克谈到了对太阳能材料的改进设想、建设大型太阳能发电站、太阳能电池的工作原理以及各个部分的有效利用等方面的内容。他还特别为人类描述了能源站的未来——

他画了悬浮在太空的两个巨大的太阳能电池板，每个足有 4 千米长。它们借由微波不断地向地球发射能量；而地球上接收能量的天线，直径长达 7 千米。

在《超级电容器》一文中，他预言，这些新技术终有一天会应用到汽车、飞机和火箭上。

当时的教授给了马斯克的文章极高的评价。或许这正是美国式的自由教育理念的独特之处，深受鼓舞的马斯克意识到，选择在美国深造是正确的。

1994年，马斯克荣获经济学学士学位，他没有就此满足，而是继续攻读了物理学学位。和经济学相比，物理学更让马斯克着迷，因为经济学代表的是社会的经济形态，而物理学代表着社会的物理形态。显然，后者更具有颠覆性。

在人际交往方面，他又取得了很大进步。如果说在安大略皇后大学马斯克开始融入人群，那么，在沃顿商学院，他则逐渐和青少年时期的那个内向男孩划清了界限。美国式教育的融合性和开放性让马斯克走出了自我封闭的空间，他开始掌握一些社交技能，他的思维和理念有了更多的支持者。他经常和同学们围在一起讨论一个问题，彼此非常开心。

随着马斯克频繁出入校园内的一些社交场合，他的朋友圈也扩大了，其中一些人成了他日后的亲密朋友，有的还成了他的商业合作伙伴。

在优秀的朋友和博学的师长的影响下，马斯克的眼界变得更加开阔，商业嗅觉变得更加敏锐，思想也变得更加成熟。自身的过人天赋加上不懈的努力，使得他对经济学和物理学的认识不断加深。所有的一切，都将影响他对未来的思考和选择。

创业伙伴与"不解风情"

在宾夕法尼亚大学，马斯克遇到了一位志同道合的室友阿迪奥·雷西。

雷西毕业走向社会后成了众多青年创业者的膜拜对象。他是一位意大利裔美国投资者，同样怀有要将人类送上火星、实现人类生活"多星化"的大胆设想。后来他和马斯克一起创建了太空探索技术公司（SpaceX）。雷西走出学校后在硅谷至少有9次成功创业的辉煌经历，被誉为"制造企业家的企业家"。有人曾这样评价他："有关创业的事他无所不知。"他刚毕业就建立了一个名为"完全纽约"的网站，这是第一个有广告赞助的网络媒体和娱乐产业网站，比万维网还要早。

1992年，雷西跟马斯克一样，也是转校生，他是从卡内基梅隆大学转来的，对互联网和前沿科技有着极大的兴趣，并且非常具有商业眼光和创业精神，特别关注互联网和新媒体的发展。

马斯克和雷西都是转校生，都不满意学校给他们安排的大宿舍。因为他们都喜欢没日没夜地打游戏，经常会影响其他室友的正常休息。时间长了，就容易激发矛盾。为了避免和同学产生冲突，两个人一商量，决定搬出学校的宿舍。于是，他们在学校外面租了一套有 10 个房间的大房子。

因为不住在学生宿舍，马斯克和雷西缺少了很多与其他同学交往的机会。为了弥补这种缺陷，他们决定组织周末聚会。因为没有钱，两个头脑灵活的小伙子就决定把组织同学聚会当成一桩生意来做。

马斯克和雷西既有分工又密切合作。雷西用荧光颜料制作艺术品，把房子装饰得派对感十足；马斯克负责发布广告和管账。他们还雇用了调酒师和专门的清洁工。来参加聚会的同学，只需要交 5 美元，就可以享受免费的酒水和音乐。所以生意很好，每晚都有几百人来参加。

马斯克的母亲梅耶有一段时间还曾主动过来帮忙，在收取门票的同时，还负责在门口保管衣物。每次收取的费用，除了支付派对的开销，还能有一些剩余。除了赚钱，马斯克还特别注重实习和实践的机会。他知道，不能总是依靠母亲的人脉联系实习机会，最好自己想办法。在硅谷找实习机会的过程中，马斯克很是用了一番心思，下了一番功夫。

在暑期闲暇的时候，马斯克经常会读报纸，并选出报纸中自己觉得有趣的人，然后给他打电话，约午餐。有一次，他选中了加拿大丰业银行的高管尼科尔森，这位高管是一位拥有物理学硕士和数学博士学位的工程师。

马斯克等了 6 个月才和这位大忙人凑上了合适的见面时间，为此，他坐了 3 个小时的火车，提前出现在会面的地点。他们一起聊了哲学、物理学和宇宙的本质。这次会面非常有意义，不仅让马斯克获得了银行的暑期工作机会，还为他后来的创业建立了非常重要的人脉基础。

当时，马斯克满脑子都是创业构想和对未来事业的向往，可以说是心无杂念，甚至痴迷到了"不解风情"的可笑的程度。

尼科尔森觉得马斯克聪明有想法，是一个有为青年，就把自己的女儿克里斯蒂的联系方式给了他。

在尼科尔森的建议下，马斯克主动给克里斯蒂打电话，邀请她出来喝咖啡。

虽然在此之前这两人从未见过面，但是，通过父亲的介绍，克里斯蒂对马斯克颇有好感，表现出了一定的兴趣，而马斯克见面后就开始和她"闲聊"——

克里斯蒂到咖啡馆后，马斯克跟她打了一个招呼，请她在沙发上坐下，选一杯自己喜欢的咖啡。她愉快地接受了建议，期望通过交流，促进彼此的了解。

出乎她预料的是，她刚坐下，马斯克没有进行任何寒暄和铺垫，就直截了当地说："关于电动汽车，我有很多想法。你也想过关于电动汽车的问题吗？"

……　……

不管怎么说，那时候的马斯克非常享受大学时光，更重要的是他还能赚到足够的生活费。

当然，马斯克的目光永远不会只盯在钱上。他开始思考自己的人生意义，思考哪些事物会对人类的未来产生最重大的影响。当时他认为，最能影响人类未来的三件事是：互联网、清洁能源的快速普及和太空探索，尤其是让人类可以在多个行星上生活的太空探索最为重要。

有趣的是，毕业之后，这三件事马斯克都参与进去了，而且都做得有声有色。

改变人生轨迹的暑期

1994 年，马斯克和弟弟金巴尔进行了一次横跨美国的旅行。在这次旅行中，兄弟俩一边享受着所到之处的奇异风光，一边思考着未来的创业方向。

在旅行中，他们接触到了万维网，当时万维网刚开始向公众开放，第一批网民已经诞生。马斯克兄弟也成了网上冲浪爱好者。他们觉得互联网是一个非常有趣的行业，也很有发展前途。马斯克开始思考如何成立一家互联网公司，在互联网领域自己能干点儿什么，其中哪些是人们最需要的。

马斯克和金巴尔首先想到的点子，是为美国医生建立一个交换信息和协作的网站。在他们看来，医疗行业在美国很吃香，也是一个可以被颠覆的行业。金巴尔还专门制订了一份看上去很详细的商业计划书。有了这份商业计划书，兄弟俩都非常兴奋。马斯克进一步完善了营销方案，一切看上去很完美。只是因为马斯克很快在硅谷找到了实习工作，忙得不可开交，

这份商业计划书始终没有付诸实施，后来马斯克对建网站项目
失去了兴趣。

由于刚到暑期，大学放假，有很多公司提供了实习岗位，
马斯克在硅谷一家名叫品尼高的研究所获得实习生的工作。
这是一家专门研发制造超级电容器的公司，这种电容器是电动
车和混合动力汽车的必备元件。这是马斯克比较感兴趣的领
域。他幻想着将《星球大战》中的激光武器变为现实，而这些
武器的核心部件就是超级电容器。

虽然这个研究所研发的东西被媒体大肆吹捧，但在接触了
一段时间后，马斯克却觉得这些东西不怎么样，而且，超级电
容器应有的作用远远没有被开发出来。当然，此时此刻他只是
一个打工的年轻实习生，不要说改变什么，甚至根本没有机会
去表达自己的想法和建议。不过这并不影响他获得丰富的社
会实践经验和产生更符合实际的商业畅想。

到了晚上，马斯克会去一家火箭科学游戏公司实习。这家
公司的主要目标就是制作世界上最先进的视频游戏，并且用光
盘代替卡带，这样就可以很方便地存储更多信息。这里的工程
师几乎都是顶尖的，他们中很多人都是制作过《星球大战》特
效的人，其中包括苹果公司负责主要产品研发的技术人员。

在实习工作中，马斯克学到了很多新知识和新技能。他的
编程能力得到了提高，也得到公司的肯定。这使得他有机会参
加和接触一些比较高端的驱动程序的研发。由于马斯克在编
程工作中表现出色，解决了一项非常复杂的难题，火箭科学游

戏公司的老板希望他能留在公司工作。但是马斯克拒绝了，他说："虽然我非常喜欢编程，喜欢和游戏打交道，进行游戏开发也能挣到钱，但是我不想一辈子只干这个。我想干一些更能改变人们生活的事。"

虽然同时做多个兼职非常忙碌，但马斯克顶住重重压力，圆满完成了不同公司分派给他的任务。他旺盛的精力得到很多人的称赞。马斯克也迷上了硅谷这种工作环境和创新氛围。他发现，在这里，每个人都能有用武之地，每个人都可以发掘自身的潜能。

可以说，这些实习经验，拓宽了马斯克的眼界和思路，提高了马斯克的编程创业技能，甚至可以说是改变了马斯克的人生轨迹。

通过实习，马斯克也真实感受到了硅谷的文化和技术气息。他开始痴迷于硅谷，对互联网的认识也更加深刻了。他意识到，互联网即将彻底地改变人类，颠覆整个世界以及人类的认知方式。自己必须设法在这一领域做点儿什么对人类有意义的事。

从斯坦福大学退学创业

1995年，带着对硅谷的神往和对电动车有关技术的热情，马斯克成功地申请了位于加州的斯坦福大学的博士研究项目，动身来到了加利福尼亚。

从南非到加拿大，再从加拿大到美国，最后从宾夕法尼亚到加利福尼亚，马斯克一直在向自己的梦想靠近。现在，他终于来到了向往已久的硅谷。

马斯克本打算在斯坦福大学攻读材料科学与高能物理方向的博士学位，研究项目仍然与他的梦想息息相关：他想把高能电容的研究结果应用到电动车的能量储存单元上。这个研究项目非常符合马斯克的兴趣，也具有一定的挑战性。

然而，马斯克觉得这个项目对人类的影响和意义还不够大。预见到互联网的兴起所暗含的巨大机会，他突然萌发了一个非常大胆的想法！

1995 年是互联网发展历史上具有里程碑意义的一年。这一年，互联网在美国开始走向商业化，硅谷诞生了许多日后改变互联网格局的企业巨头。大家所熟知的万维网服务、雅虎搜索引擎、微软的 IE 浏览器、Windows95 操作系统、维基百科、网上交易平台易贝、亚马逊网上书店等，都是这一年出现的。

马斯克当时就认识到，毫无疑问，网络会成为改变这个世界的主要方式。而斯坦福的电容研究博士项目却不一定能够收获有用的成果。他觉得自己必须参与到真正重大的事情里。

下定决心后，马斯克立刻给自己的系主任打电话，宣布自己想要退学创业，并且提出了一个看起来不大却非常重要的请求："如果创业失败，我希望还能有机会回学校继续读博士。"

这正体现了敢于冒险的马斯克的思维缜密和考虑问题的过人之处，尽管创业的欲望强烈，但他还是给自己留了退路。这正是对母亲梅耶传承的"你要敢于冒险，并随时为意外做好准备"家族信条的活学活用。

就这样，来到斯坦福两天之后，马斯克就退学了。

当时，很多人认为，马斯克的辍学不是明智的决定，毕竟斯坦福是美国著名的高等院校，为了没有把握的创业，中途放弃深造的机会实在是太可惜了。但是马斯克却认为，传统的人才培养方式和大工厂的流水线作业没什么区别，就算是斯坦福、沃顿商学院这样的名校也不例外。他不想再接受这样固定的培养模式，他想充分利用自己独特的思维，去干一些有用的、有创新性的事业，对当下世界的发展更有实质影响的事业。

我们该怎么看待他的辍学决定呢？或许世界上真正的天才，在某些方面有着共性，认识也通常会类似，所谓"英雄所见略同"。

2007 年，全球最有钱的人之一、世界上最大数据库软件公司"甲骨文"的老板拉里·埃里森在耶鲁大学进行了一次演讲，其被网友称为"史上最牛的演讲"。

埃里森 1962 年高中毕业后，进入伊利诺伊州大学就读，二年级时离开了学校。有媒体报道他是因为平均成绩不及格才离开学校的。暑假后，他进入芝加哥大学，同时还在美国西北大学学习，虽然就读过三所大学，但最终没有得到任何大学文凭，但他从不觉得有什么遗憾。

2007 年，面对数千名耶鲁大学 2010 届毕业生，埃里森讲道：

"说实话，今天我站在这里，并没有看到一千个毕业生的灿烂未来，没有看到一千个各行各业卓越的领导者，我只看到了一千个失败者。听了这样的话你们感到沮丧，是可以理解的。为什么我一个肄业生竟然在美国最具声望的学府里阐述这样荒诞不经的观点？

"我来告诉你们原因。因为，我是世界上第二富有的人，是个肄业生，而你们不是。因为比尔·盖茨，目前这个世界上最富有的人，是个肄业生，而你们不是。因为艾伦，这个世界上第三富有的人，也退了学，而你们没有。还有戴尔，这个世界上第九富有的人，他的排位还在不断上升，也是个肄业生，而你们不是。

"因为你们没有辍学，所以你们永远不会成为世界上最富有的人。你们已经吸收了太多东西，以为自己懂得太多。我要告诉你们，一项帽子一套学位服必然要让你们沦落。

"我想，你们就默默无闻地去干那年薪 20 万的可怜工作吧。在那里，提前两年辍学的同班同学是你们的老板。事实上，我是真心希望眼下还没有毕业的学生，尽快离开这里。收拾好你们的东西，带着你们的点子，别再回来！退学吧，开始行动！"

也许感觉他的观点过于偏激和难以接受，甚至难以容忍，埃里森还没讲完，就被现场维持秩序的保安带离了讲台。

当然，99.99%的人不会因为一篇演讲词而退学，但他确实促使人们对教育、对传统的观念进行深入的思考。马斯克的很多想法，或许和埃里森是一样的。

我们身边的许多人物，没有什么独特的禀赋，也没有很高的学历，可他们就是认准一条道走下去，做得非常专业，居然就能成就一番事业！而另外一些人，学历很高，见识不凡，思维严谨、缜密，遇到事情首先找理由、找根据、找可行性。一大圈论证完后，往往会得出结论：风险大于机会。于是他们就会停住脚观望。过量的知识或过高的头衔，过于辉煌的历史，会形成很重的负担，压抑一个人的本能，如热情、冒险、忘我和想象力。

难能可贵的是，在身边人都反对24岁的马斯克退学创业的时候，他的母亲梅耶居然明确表示支持儿子的决定。根据自己的人生经验，她深知，机会一旦错过，就不会再来，为什么不去试试呢？就算机会再小，也只有试一试才知道结果。她鼓励马斯克："我相信自己的儿子一定会成功。"

这种情况下能够得到母亲的支持，马斯克热血沸腾，热泪盈眶……

一次失败的求职经历

1995 年是世界互联网走向商业化的关键一年。这一年，2.5 亿人口的美国已经拥有了约 1.5 亿台电脑。这时，24 岁的马斯克的全部财产是一辆车、一台个人电脑和 2000 美元存款。他在硅谷举目无亲。但是，他想先找一份工作，从给别人打工干起，先积累点儿经验。他决定去网景通信公司寻找机会。

成立于 1994 年的网景公司开发的浏览器获得重大成功，成为当时最热门的浏览器。其后来又进行了升级，因为功能追加得很快，所以市场占有率相当高。

1995 年 8 月，网景公司上市，成了互联网领域的标志性事件之一。原本股票是每股 14 美元，就因为一个上市的临时决定，股价立刻涨至每股 28 美元。第一天收市，股价升至每股 75 美元，创下了奇迹。网景公司成为美国第一家上市的互联网公司。网景公司很快占领 70% 的浏览器市场，收入每季都在翻倍。

而作为网景公司的创始人，马克·安德森和吉姆·克拉克也因此名声大噪。让马斯克感觉最"酷"的是，安德森竟然敢藐视比尔·盖茨，贬低微软，安德森甚至说过："在网景面前，Windows 只是一堆设计拙劣的驱动程序。"

当然，比尔·盖茨不是一般的人，而是更牛的人，试图与网景公司合作不成，他干脆开发了 IE，进军浏览器市场，双方的激烈竞争就此展开。后来，网景被其他公司收购了。但在马斯克想求职的时候，这家公司正红得发紫。

初次求职，马斯克就把目标瞄准了网景这样的知名大公司，与他志向远大有一定的关系，此外，那时候互联网公司是非常少的。这次求职，在很大程度上改变了马斯克的人生轨迹。

后来在接受采访的时候，马斯克这样描述当时求职的情景——

"在给公司发了电子简历之后，我没有获得回复。于是我直接来到了公司总部。我直接走进大厅，尴尬地站在那儿，太过害羞，没有胆量和任何人见面。

"我应该说什么呢，'请给我一份工作'？他们或许会说：'把保安叫来，这里有个怪孩子。'

"结果，我没跟任何人说话就走了。"

来都来了，连面试官都没见到就打退堂鼓？这符合马斯克的性格和习惯吗？完全不符合。所以，当时更可能发生的情况是，马斯克当面提出了自己的求职申请，但是被无情地拒绝了。

当时互联网刚刚兴起，像网景这样的明星公司，肯定是技术人员争相应聘的目标。马斯克这样的非计算机专业的本科生，毫无实践经验，被拒之门外是很正常的。

　　心高气傲的马斯克当然不愿意接受这样的挫折，所以他很可能无法面对"真正的事实"。在功成名就之后，他有意"修正"了当时的情景，由被人拒绝，改为了自己主动放弃。虽然求职不成，至少自己牢牢掌握了"主动权"。对十分在乎面子的他来说，虽然不怕挫折和失败，但是，输给自己总比输给别人强。

　　当然，就算当时求职成功，后来发生的马斯克的创业故事，很可能迟早也会发生。因为他求职，只是为了增加实践知识和专业技能，结识更多的计算机行业高手。毕竟依马斯克要强的性格和宏大的人生志向，他不可能甘心长期"寄人篱下"，否则，还谈什么"改变世界"？

　　也许正是这次失败的求职经历，激发了不愿服输的马斯克的斗志，强化了他立即走上创业之路的想法。他真的要开始行动了……

第三章
初露锋芒

PART 03

　　有人说："马斯克是那个时代少有的相信互联网能改变世界的人，这已经超出了创意的范畴，而是在认识世界甚至是寻找真理。"也有人说："马斯克就是一个创业疯子，这么做要么大获成功，要么最后一无所有。"马斯克并不是很在乎别人怎么说，他本人只是很喜欢 x，觉得它代表未知，一切皆有可能。他的理想就是：创造真正有长远价值和影响力的东西。

两兄弟联手创业

马斯克在火箭科学游戏公司实习的时候，就有了在互联网方面创业的灵感。

一天，一个黄页推销员来公司推销网络分类的点子，说这是对又厚又重的传统黄页的补充。马斯克觉得这个推销员的点子很好，但是他完全没有表达清楚。这个推销员自己还没有认识到互联网的便利性和革命性，以及应用的普及将会给商业活动、给人类的生活带来多么深刻的变化。但是马斯克敏锐地意识到这里面有可以创新和发掘的地方，他觉得完全可以开发出一些方便人们进行商业活动和生活的互联网功能，吸引其他公司为自己提供的服务付费，或者进行投资。

决定退学并且求职失败后，马斯克就采取了真正的创业筹备行动。1995 年夏天，他拿出仅有的 2000 美元，在寸土寸金的硅谷租了一间办公室。办公室的租金是每月 400 美元，当时硅谷最便宜的公寓的租金比这还要贵。

马斯克决定着手建立一个名叫"国联通信"的信息网站，主要做传统媒体的电子化业务，同时还和美国其他地方的商家和网络媒体合作，帮助它们的产品实现互联网化。比如，把报纸和杂志电子化，再传到网上。因为马斯克在沃顿商学院期间，曾经为一个从事电子书扫描服务的公司写过商业策划案，所以他的第一个创业目标就瞄准了电子书扫描。他的所有办公设备就是一台电脑。

马斯克觉得自己必须有一个帮手，几乎没有多想，他就拿起电话，打给了弟弟金巴尔，邀请他一起来硅谷创业。

金巴尔刚刚从皇后大学毕业，正在想着找工作。在母亲梅耶的支持下，他爽快地答应了马斯克。秋天，金巴尔从加拿大来到了硅谷，正式加入了哥哥创办的国联通信公司，主要目的就是把本地企业名单和地图结合起来，放在互联网上，供大家查询。这个公司就是 Zip2 的前身。

兄弟俩做了分工，马斯克负责策划和编码。金巴尔负责挨家挨户推销，说服餐馆、服装店和理发店之类的小企业，把自己的业务信息展示在互联网上，这样公众就可以通过互联网知道它们的存在。

资金极为有限，兄弟俩租不起公寓。为了把成本降到最低，他们晚上就睡在办公室。办公室也十分简陋，有一处墙角还会渗水。马斯克买了些日式床垫，白天当沙发用，晚上他和金巴尔就睡在上面。办公室没有浴室，他们就去附近的健身房洗澡。

为了既省钱又能够接入高速网，马斯克请楼下的一家网络服务公司提供方便。他在办公室门旁边的石膏板上钻了一个洞，然后沿着楼梯把电缆接到网络服务公司那里。

他们也没有钱安装高级的网络，只好通过电话线拨号上网。白天马斯克把电脑接上电话线，保证网络正常运行，晚上用同一台电脑编写程序。

马斯克工作时像个野人。每天差不多工作 16 个小时，他仍然觉得不够。就是在这样艰苦的条件下，马斯克独立完成了后台的所有原始代码。

当时了解互联网的人并不多，很多企业根本不知道怎么推荐自己，所以想要说服它们购买相关的服务难度很大。

尽管如此，善于社交的金巴尔也取得了一些进展。他先是以低廉的价格获得了一个企业数据库的访问许可证，获得了海量小公司的名称和地址。

马斯克联系到一家电子地图公司，说服其把已经完成的电子地图放到网上，变成在线地图。然后，他又花了几百美元买了一张商业指南光盘，编写了一个软件，把地图和指南的信息对应起来。就这样，马斯克完成了第一个在线黄页，它有点儿像现在的谷歌地图的雏形。

当时网络才刚刚兴起，绝大多数美国企业都没有开始使用网络。人们需要查找公司信息，只能依靠厚厚的传统黄页，操作起来并不方便。而马斯克的公司起步时提供的城市指南和在线黄页服务快捷、方便，优势明显，非常实用。当然，最初很少有人能认识到马斯克的革命性创新，毕竟马斯克的视野和胆略超出了同时代的大多数人。

当时有人扔给他们一本黄页，充满质疑地问："你们真认为能取代它？"

马斯克觉得那个人目光短浅得好笑,取代纸质黄页太简单了!但那根本不是他的终极目标,他要做的不止这一点。他当时确立的目标是:把传媒行业和网络结合起来,把传媒行业引入数字时代。马斯克那时就意识到,传统媒体非常期待通过网站提供各种功能的在线服务。

兄弟俩合作起来非常默契。但是在生活中也难免会有矛盾,甚至发生冲突。

马斯克脾气倔强且暴躁,做事态度也很强硬,金巴尔虽然脾气相对温和,从来不跟别人打架,但是也有忍无可忍的时候。

有一次,在做商业决定的时候,马斯克和金巴尔谁都说服不了对方,于是从激烈争执发展为挥拳相向,马斯克的拳头碰到墙壁上,擦破了皮,最后不得不去医院打破伤风针。

1996年初,马斯克说服在加拿大时认识的一个地产商格雷格·科里,劝他搬到加州,成为国联通信的联合创始人。

科里的年龄比马斯克大,经验也非常丰富,过去从事房地产交易,在做生意方面很有心得,他很快为国联通信打破营销僵局。科里的加盟为国联通信销售团队带来了宝贵的实战经验。

失去对公司的掌控权

凭借对互联网性质的了解和敏锐的商业嗅觉，马斯克越来越意识到，所有传媒行业所提供的传统功能，在互联网上都可以完美地实现，而且功能更强大，更便利。他在基本完成的在线黄页的基础上，开始开发一个能够在线提供报纸分类广告和分类指南的软件。

由于马斯克的信息网站功能越来越强大，越来越完善，加上科里的营销才能卓越，而且当时正处于互联网发展和普及日新月异、突飞猛进的时期，很多公司的观念和态度都逐渐发生了改变。很快，美国各地的媒体公司纷纷在马斯克的网站上完成了注册，他的公司国联通信开始进入投资者和客户的视野。

随着马斯克的客户增多，需要录入的企业数量增多了，同时公司发展的需求也增加了：应用系统必须不断丰富原始数据，才能覆盖到主要城市以外的地方。另外，如果用户在家里使用电脑时也能顺利操作，实现所有的功能，对系统的推广和公司发展会非常有帮助。但是这意味着需要更多的资金投入。

令马斯克感到惊喜的是，1996 年 1 月，硅谷的莫尔·戴维多风险投资公司表示愿意出资超过 380 万美元，购买马斯克公司略少于一半的股权。为了得到这笔投资，马斯克做出了让步。他同意把公司首席执行官的位置让给一个专业人士——斯坦福大学的 MBA（工商管理硕士）理查德·索尔金。马斯克成为公司董事长和首席技术官，索尔金出任首席执行官。

虽然得到的资金解决了公司的燃眉之急，但是这种人事安排，却为公司后续的发展埋下了隐患。因为这意味着马斯克没有参与公司运营的权限，失去了对公司的控制。马斯克后来才认识到不该这么做，但那时后悔已经来不及了。

拿到投资后，公司正式更名为 Zip2。Zip 在英文中有"来回拉拉链""快速移动"的意思，马斯克用这个词做名字，取"想去哪里，说到就到"（Zip to where you want to go）的意思。

有了资金，公司招募了一批优秀的工程师，他们的能力强到让马斯克羡慕甚至忌妒。他们只看一眼马斯克写的程序代码，就决定要重写。虽然这让马斯克很没面子，但是这些工程师的工作严谨而高效，他们把软件项目合理划分成不同的模块，然后进行进一步细化，让 Zip2 的产品质量有了巨大提升。

Zip2 开创了将企业名录和地图数据库整合起来的网络访问服务，这项技术被授予了专利。公司获得的最高一笔专利授权费达到了 1 万美元。

新的首席执行官索尔金确实带领 Zip2 迈上了新台阶。通过索尔金的人脉关系，Zip2 和纽约时报集团、奈特里德报业集团、赫斯特报业集团以及其他一些媒体就相关服务签署了协议。Zip2 喊出这样的口号："为媒体助力！"

公司有了名气，就有人愿意投资。伴随着资金的大量涌入，Zip2 公司得以迅速成长，一年后搬进了更华丽、更宽敞的办公区。

一切看上去都很美好，但作为公司的创办人，马斯克却觉得越来越压抑。因为他的很多想法得不到有效实施。

一开始，索尔金和马斯克在公司的发展策略上意见就不一致。索尔金强调要"甘于在幕后老老实实做事"，想要把公司运营的重点放在客户与投资者方面，把公司的主要收入和资金来源都限定在使用 Zip2 软件和服务的媒体公司。而马斯克想把 Zip2 打造成一个著名品牌，让所有的用户都感觉到这家公司的存在，以免被新媒体时代抛弃。简单地说，索尔金只想多赚点儿钱，而马斯克想要的是名利双收。

1998 年 4 月，Zip2 宣布打算和城市搜索公司合并，城市搜索也是一家有竞争力的提供城市指南服务的公司。

了解到合并后自己很难保留公司董事长和执行副总裁的位置，马斯克和金巴尔对合并案提出了反对意见。Zip2 的经理们支持马斯克，大家要一起撵走索尔金，经理们说："如果索尔金不离开公司的话，我们就集体辞职。"

结果，董事会辞退了索尔金，只保留了他董事的位置，还取消了这次合并计划。马斯克也被迫放弃了公司董事长的职务。

Zip2 的一个投资人德里克·普罗蒂昂接手担任公司的首席执行官。

由于顺应了互联网快速发展的大趋势，Zip2 成了圈内小有名气的企业，它被大家认为是电子业务领域诞生的一匹黑马。富有远见的投资者看好了它的潜力。

1999年2月，康柏旗下的远景公司最终以3亿美元收购了Zip2，这是当时互联网公司收购中出价最高的一次收购。占公司股份最多的马斯克从中赚了2200万美元。他的弟弟金巴尔也得到了1500万美元。

这时候的马斯克只有28岁，一夜之间他就成了硅谷的千万富翁，他觉得自己再也不用为钱的问题而担心了。自然，他想简单了，只要坚持创业，就可能会时常感到钱不够用。

艰难时期背后的人——梅耶

在很多相关书籍和文章中，有这样一种说法："就在创业中的马斯克焦头烂额之际，一向对他不冷不热的父亲拿出了2.8万美元，帮助儿子度过了最难熬的阶段。"这种信息最初无疑是出自马斯克的父亲埃罗尔之口。

埃罗尔认为他对马斯克的成功贡献最大。马斯克遗传了他的工程师天才思维，从家中的电路如何工作，到如何自制炸药进行爆破，马斯克基本上可以无师自通。同时，他还为儿子提供了优渥的生活条件。

面对媒体，埃罗尔说："我爱我的孩子们，并随时准备为他们付出一切。"他还自诩曾帮助过马斯克，说曾给了他一大笔钱让他启动他的第一家公司（Zip2）。

马斯克曾直接对此反驳说："他没有为我上大学花过一分钱。我和弟弟通过获取奖学金、贷款和同时兼职两份工作来支付大学学费。"

成名之后，马斯克曾经面对媒体谈论创业不易，好几次差点儿一无所有，无数次被华尔街差评，经济危机来临时也曾树倒猢狲散。但10年后，马斯克最憎恶的不是那些在低谷抛弃他的人，也不是那些对他冷嘲热讽的人，而是他的父亲埃罗尔。他甚至公开说："当我还是个孩子的时候，我永远不想一个人，不想一个人。"

在场的人感觉："在这些瞬间，他似乎只是一个敏感孤独以及害怕被抛弃的孩子。"可见，他确实被父亲埃罗尔深深伤害过并留下了心理阴影。

因此，我们很难判断埃罗尔到底有没有给马斯克的创业"提供一大笔钱"。或许，马斯克最痛恨父亲的，并不是不肯在经济方面给自己援助，而是埃罗尔在家庭生活中对梅耶进行身体和精神上的虐待，对青少年时期的马斯克一贯地进行蔑视和打击。

毫无疑问，梅耶和马斯克之间的母子之情，远远超过了埃罗尔和马斯克之间的父子之情。

而梅耶对儿子的支持和帮助，堪称是无私的、竭尽全力的、全方位的和持续不断的。可以说，梅耶为儿子所做的一切，完美地诠释了什么是真正伟大的母爱。

马斯克和弟弟金巴尔联手创业的时候，他的母亲梅耶仍住在多伦多。那时，她每 6 周飞一次硅谷，带些提前准备好的食物、衣服和家具，为儿子的公司张罗，从招聘、财务到后勤，她都尽力帮忙。梅耶总是找最便宜的航班，然后坐公交车去机场。因为她觉得自己负担不起机场班车的费用。在花钱方面对自己很苛刻的梅耶，却愿意把自己能拿出来的钱都用在孩子们身上。

梅耶拿出了将近 1 万美元，这是她所有的积蓄，帮马斯克的公司缴纳房租和垫付包括印刷广告之类的各种费用。因为最初马斯克在美国无法申请办理信用卡，所以他们使用的都是梅耶的加拿大信用卡。但她没有任何怨言，反而始终认为，这是有史以来"最好的投资"。她完全相信儿子能干出一番大事业。马斯克想干的，在当时的人们看来都是惊世骇俗的事业，但梅耶认为他的创意能够让人们的生活变得更加美好，因此她总是竭尽全力去支持儿子。

为了离孩子们近些，梅耶不惜卖掉了经营很好的营养公司，也搬到了旧金山。这时候梅耶有自己的模特事业要忙。她总是忙里偷闲，去儿子的公司打理琐碎事务，不遗余力地支持孩子们的事业。她会在周五晚上租一辆车，周六上午走秀，下午就开去马斯克的公司参加周会。

马斯克和技术人员制作 Zip2 网站的时候，梅耶经常被叫去做版本升级的测试员。技术人员会根据梅耶的使用情况做出调整，以确保每位用户都能正常操作。

在马斯克的互联网公司刚刚成立时，梅耶曾从他们的网站上打印出了一份早期的导航地图。然而，不管怎么努力，梅耶都发现，这份地图根本无法让她返回出发地。回程的单行道太多，而她的车根本找不到可以掉头的地方。显然，人们需要具有导航功能的地图。根据梅耶的反馈，马斯克立即把这个功能加了进去。

为了推广自己的营养咨询业务，梅耶和马斯克做了一笔交易：她给他们的员工做一个关于营养学的讲座；作为回报，他们给她建立一个包含 4 个页面的私人网站栏目。这差不多是梅耶从创业的儿子那里获得的全部"回馈"。

最难能可贵的是，梅耶对孩子们采取的态度是"支持而不干涉"。她说："孩子们应该学会对自己的未来负责，而父母只要给予支持就可以了。举个例子，如果孩子们喜欢创业，而你认为这个主意不错，那么就支持他们。作为父母，你可以教你的孩子养成良好的习惯，但是你无法帮他们决定他们未来想做的事情。"这种理念值得天下所有的父母借鉴。

看到孩子们逐渐在自己的事业上取得了成就，梅耶觉得自己已经没什么能帮到他们了。于是，她决定去纽约发展自己的模特事业，也重启了她的营养生意。这不禁使我们联想起宋代文学家欧阳修在《渔家傲》中所写的：

"定册功成身退勇，辞荣宠。归来白首笙歌拥。"

做母亲的，充分发挥自己的作用之后，功成身退，去享受自己的人生，做自己喜欢和擅长的事；留下空旷的舞台，让孩子自己去发挥，去拓展。

如果说"所有成功的男人背后，必定有一个了不起的女人"，那么对马斯克来说，这个女人无疑是他的母亲：梅耶·马斯克。

创建在线金融服务

尽管 Zip2 在商业上取得了很大的成功，马斯克成了一个年轻的千万富翁，但是他并不满足。他甚至认为，这次创业在某种程度上是失败的。

虽然 Zip2 总体运营得很不错，在一定程度上改写了报纸的历史。但是，马斯克的理想很远大，他要做的，是改变整个传媒行业。然而，这家公司后期根本无法按照他的设想运行。他甚至感觉自己最终沦为了"媒体巨头的打工仔"。

在马斯克看来，网络空间还有许多等待发掘或变革的地方，其中有数不清的投资和盈利的机会，他时刻都在努力捕捉着。

公司被康柏收购了，将要获得 2200 万美元支票的马斯克兴奋不已。就在取支票的过程中，商业嗅觉极其敏锐的他，竟然发现了一个新的商机。

当时康柏公司用邮寄的方式给马斯克兄弟提供支票，马斯克只好每天怀着激动而忐忑的心情去查询邮件。在等待的过程中，他发现这样太麻烦了。于是，他产生了一个想法：都互联网时代了，为什么不开发一项网上快捷转账支付业务呢？他想："银行不改变，我们就改变银行！"

于是，马斯克开始着手创立他的第二家公司，最早的互联网金融企业：X.com。他对这次创业的意义认识很深刻：为了对世界和人们的生活方式产生更为深远的影响。当时，马斯克面临着什么样的创业形势呢？

从1994年起，网上购物就已经出现了。到了1999年，网上购物早已不是什么新鲜事物。当时已经出现了形形色色的网上商店，网上交易平台易贝的用户也越来越多。

不过，虽然已经进入了网络时代，网上购物已经发展得比较成熟，但是后来遍地开花的网上银行在当时仍然没有出现。支付活动仍然依靠银行和金融机构进行，形式非常传统，效率低下的特点逐渐显露了出来。"网上银行"这个概念对当时的许多人来说十分超前。可是马斯克预见到了它出现的必然性和迫切性。

马斯克觉得为银行与金融业带来一场深刻的变革的技术条件和社会基础已经基本成熟。他的想法是空前大胆的：创建一家在线金融服务公司，集网上银行、贷款经纪、保险服务和共同基金于一体，服务项目齐全，就像一个金融服务超市一样方便快捷，逐渐取代传统金融服务。

要知道，他完全没有银行和金融方面的专业背景，他所有的银行工作经历不过是大学时代在银行当过一段时间的实习生。对美国银行和花旗集团这样的金融巨头来说，创建网上银行虽然有必要，但依然是一个令人头疼的难题，所以，他们迟迟没有采取行动。马斯克竟然想要凭借一己之力来解决这个问题，可以说是非常"狂妄"和"大胆"的。正是这种见识和胆略，一步步把马斯克推向了越来越广阔的人生舞台。

组建自己的"梦之队"

马斯克很清楚，超越时代的创业项目，自然需要超越常人的创业团队。1999 年是互联网的躁动期，很多有远见的投资商都看出了其中巨大的潜力和机会。当时像马斯克这样有过一次成功创业经历的人，想要融资和组建团队，相对比较容易。

因为喜欢看篮球，喜欢 NBA 篮球赛，所以，在组建 X.com 超强技术团体时，受美国男篮美称的启发，马斯克把自己的队伍也称作"梦之队"。

美国的国家男篮名称是"美国梦一队"，这支美国男篮囊括了当时 NBA 篮球赛赛场上的顶尖篮球员，包括迈克尔·乔丹、"魔术师"埃尔文·约翰逊、拉里·伯德、斯科蒂·皮蓬、查尔斯·巴克利等成员。他们的阵容被认为是史上最为强大、豪华和经典的组合。

在1992年巴塞罗那奥运会上，这支队伍在8场比赛中势如破竹，保持全胜，每场比赛总分都超过100分，没有任何对手能在和他们的比赛中得分超过87分。这种结果对全球观众的震撼和对世界篮球的影响，是无法用语言来形容的。因而，这支队伍被称为体育历史上最强大的一支篮球队，被冠以"梦之队"的称号，意思是"强大到梦一般不可思议的球队"。马斯克觉得自己也需要一支强大到梦一般不可思议的科技研发队伍。

马斯克知道，一家卓越的公司是由各方面优秀的人才打造的。不管是来自行业领先计算制造企业的工程师、来自加拿大的金融高手，还是获得罗德奖学金的学霸，他都欢迎，都会千方百计地去招揽。最后，公司形成了以马斯克、哈里斯·弗里克、荷艾迪和佩恩4个人为核心的团队，他们也是X.com的联合创始人。

哈里斯·弗里克是一位拥有牛津大学硕士学位的著名银行家。他是马斯克在获得加拿大丰业银行的资助期间认识的。1999年11月，马斯克说服弗里克加入了自己的项目。

马斯克还特地请来投资银行家约翰·斯托里担任公司的行政副总裁，由财捷集团前首席执行官比尔·哈里斯担任总裁和首席执行官，马斯克自己则担任董事长。

公司的启动资金约为2500万美元，其中马斯克个人出资

1000 万美元，其余资金来自比尔·哈里斯，以及投资了"甲骨文"、苹果和思科系统的红杉资本公司。

显然，这么多风险资本家愿意为马斯克投资，不仅仅是觉得他的创意好，更重要的是觉得他这个人和他的团队靠谱。那时，很多人已经逐渐认识到一个事实：马斯克对技术的了解比普通人要深刻得多。他并不是任何一个领域的技术专家，可是，一旦遇上技术问题，马斯克与技术人员进行交流并解决问题的惊人能力和超高效率，就表现出来了。

曾有一家硅谷的技术公司的总裁想要寻找天才的开发员，于是他不断向身边的朋友询问谁能推荐最优秀的开发员。结果他得到的所有建议都指向了埃隆·马斯克——最清楚应该聘请什么人的硅谷企业家。正是这个能力超群、交友广泛的马斯克，在硅谷的黄金年代留下了一连串的创业传奇。

是炫耀还是宣传

把 Zip2 卖给康柏旗下的远景公司，马斯克从中赚了 2200 万美元。他拿出了 1000 万美元用于创建 X.com。那么，其余的钱哪里去了？他是怎么支配的呢？

对那些认为马斯克"一向节俭，甚至有些吝啬"的人来说，马斯克的做法简直是不可思议的——他先给自己买了一栋豪华别墅，又买了一辆100万美金的迈凯伦F1超跑，还买了一架小型私人飞机。也许他觉得仍不过瘾，后来又花100万美元，买下了007电影《海底城》里的一台水下潜艇超跑。

马斯克解释说，之所以要买超豪华跑车，是因为他非常享受高速驾驶时的刺激和冒险的快感。那时，马斯克已经有了一辆1967年产的被称为设计巅峰之作的捷豹E系跑车。马斯克还想要拥有一辆全世界性能最为出色的跑车：一辆售价高达400万美元的银灰色的迈凯伦F1。这款车前后总共只生产了106辆，他所购买的那辆编号为67。

当送货的黑色大卡车开到马斯克家门口时，受马斯克邀请专门赶来的美国有线电视新闻网摄制团队记录下了当时的画面：

新车被卸下来的整个过程里，身穿肥大的暗黄色西装夹克的28岁的马斯克，开心得像是等着拆圣诞礼物的小男孩，兴奋地围着送货的卡车绕来绕去。一个路过的人惊讶地说："那是迈凯伦F1吗？老天，真不敢相信！"

马斯克非常开心："哦，我不敢相信它已经在这儿了。这太疯狂了。三年前我还只能睡在办公室的地板上，现在我就有了一辆百万美元的跑车。""全球总共不过有106辆迈凯伦，而我将拥有其中的一辆。"

为了展示自己价值百万美元的跑车，他特地把记者带到车库到处拍摄。这样的行为容易引来"不成熟""天真"的批评，但是马斯克毫不在乎。他要做的是乘机宣传一下自己和自己新创建的公司："我完全可以在巴哈马买个岛的，但我对于创立一家新公司更感兴趣。创立 X.com 需要募集 5000 万美元，我只打了几个电话就搞定了。因为投资人都知道，我的新公司绝对是一个价值几十亿美元的富矿。"……

这些略带炫耀的言论，为马斯克本人和 X.com 公司赢得了广泛关注。

那些喜欢迈凯伦 F1 跑车的富豪，把这款车买来后通常会将其当成宝贝，平时藏在自己的车库里，只有出席重要场合时才偶尔开出去。而马斯克却天天开着迈凯伦 F1 跑车满硅谷跑，还经常把它随意停在 X.com 办公室旁边，任鸟屎覆盖车身。他有自己的想法。比起迈凯伦 F1 跑车的珍藏价值，马斯克更看重它的使用价值和宣传价值。

凭借这辆迈凯伦 F1 跑车，马斯克成功加入了美国富人车友社交组织"兄弟帮俱乐部"。在这里，他结识了"甲骨文"软件公司的创始人拉里·埃里森和网景公司创始人吉姆·克拉克等人。在这些超级富翁的牵线搭桥下，马斯克筹集创业资金变得更加轻松了。

有趣的是，在几年后马斯克决定卖掉跑车的时候，他又找到了新的宣传亮点——它"不环保"，而马斯克当时想要推介的是自己生产的电动车。

当然，马斯克决定卖掉这辆跑车，或多或少还与一场意外事故有关。

2000 年，马斯克开着他的迈凯伦 F1，载着朋友彼得·泰尔，要去参加一个融资策划会议。马斯克坐在迈凯伦前排的驾驶位上，泰尔坐在后排的一个乘客座位上。

迈凯伦 F1 从 0 千米 / 时加速到 100 千米 / 时只需要 3.2 秒。据说最高速度可达 372 千米 / 时。喜欢尝试和冒险的马斯克曾经为了试探它究竟能跑多快，在飞机跑道上开出过 346 千米 / 时的速度。但是，这款车并没有牵引控制，因为它是为顶级性能设计的。

当马斯克拉着朋友以很高的速度变换车道时，跑车开始打转。马斯克想尽办法避免跟其他车辆追尾，同时还要防止车子打转。迈凯伦 F1 从其他车辆旁边惊险地擦过，然后砰的一声撞上路堤，像铁饼一样旋转着飞了起来，最后砸在地面上。跑车的车身幸存了下来，但是车头和悬架系统受到了严重损害。所幸的是，马斯克和泰尔在这次车祸里没有受伤。

2007 年，马斯克决定把这辆车卖掉。那时候，他已经是领先的电动车生产商，他希望提升自己的形象。马斯克向媒体解释说："这是一个环保的决定。我的迈凯伦 F1 是一辆非常棒的车，是一件艺术品，但是它并不环保，我不希望有人说我有耗油的高性能跑车。所以我决定卖掉它。"

这是后话。我们接着再继续看马斯克当年创办 X.com 的惊险曲折经历。

一场未遂的"政变"

1999 年 12 月，X.com 正式上线，公司想要做的，是把所有金融服务无缝地整合到一个简单易用的系统中，在一个网站上轻松解决各种理财问题，用户只要在网上操作就可以了，再也不必亲自去许多个金融机构管理贷款、信用卡、银行关系、保险、共同基金。

马斯克发现，把所有的金融服务整合到一个系统中有巨大的优势：对客户来说，在一个平台上就能完成各项金融业务、各种理财操作，能体会到前所未有的方便；对公司开发的这个系统而言，因为免去了不同银行账户间的复杂手续，所以系统内账户间的转账非常方便。

虽然马斯克全身心投入这次创业之中，但是这并不意味着没有麻烦，尤其是联合创始人之间，在经营发展理念方面存在着一些矛盾。由于彼此的眼界不同、想法不同，在公司的决策方面，必然会产生一定的分歧。

当时用互联网手段来改造银行业，属于史无前例的创新行为。为了说服别人接受这一先进理念，马斯克费了不少心思。但是，说服别人是一项艰苦复杂的工作，需要极大的耐心。而马斯克脑筋转得快、性格急，在沟通的时候，对方不一定总能跟上他的思路。所以，效果并不总是能尽如人意。有时候就难免引发分歧和矛盾。

合作伙伴尽管能接受他的先进创业理念，但还是希望在管理实践中采用较为传统的方式。其中，一直在银行圈内混的联合创始人哈里斯·弗里克，就明确反对他的激进方式。在X.com成立仅仅5个月后，弗里克就发动了一场"政变"，他要求马斯克让出董事长的位置，否则他就把公司里的人全部带走，成立一家属于自己的公司。

鉴于Zip2的惨痛教训，马斯克知道自己是不可能让出董事长位置的。两人对峙的结果就是，弗里克带着核心工程师离开，留给马斯克一个空壳公司和几个忠心耿耿的老员工。

在迈克·莫里兹的大力支持下，马斯克很快就招聘到了一群既有激情又有实力的工程师，公司的前景变得越来越清晰。原来的核心人才集体出走，反而让马斯克对X.com公司的掌控加强了。有了全新的团队，研发效率也大大提升了。不到100天，公司就开发出了世界上第一个网上银行系统。

1999年底，X.com正式向公众开放了。作为一家网上银行，除了为用户提供存款、保险、借贷和债券等一切银行与投资服务，X.com还推出了一项特色服务："个人对个人"电子转账服务。这是这家公司的创新之处，也可以说是马斯克的创新之处。

马斯克的网上银行取消了各种手续费，还取消了透支罚款。只要用户输入另一个人的邮箱账号，就能把钱转给别人，跟支付宝的功能差不多。

为了使更多用户加入 X.com 的系统中，他们还设计了一个方便的邀请系统：X.com 系统内的用户可以发出一封邀请函，让系统外的人顺利加入这个系统。

为了吸引更多的用户加入系统，他们很舍得投资。每个新注册并开设活期存款账户的用户可以获赠 20 美元。如果用户把这个网站推荐给自己的朋友，每成功注册一个新用户，推荐人就可以得到 10 美元奖励。

凭借这样的推广手段，这家公司甚至没有花钱做广告，在短短 3 个月内就发展了 20 万注册用户。而当时最大的网上银行易利达不过才 13 万用户。

虽然现金激励让 X.com 很快扩大了用户群，但是这仍然很难打消人们对网上银行的顾虑。马斯克很快发现，这样的系统也可能会被黑客用来非法转移资金。在解决公司遇到的这些问题的同时，马斯克还必须面对市场的竞争压力，他需要不断思考和调整公司的发展方向。

遭遇强劲的竞争对手

注册用户不断增加的同时，马斯克发现了一个强有力的竞争对手——一家名为康菲尼迪的公司。

康菲尼迪公司的创始人是彼得·泰尔和麦克斯·拉夫琴。这对搭档堪称高智商组合，他们从 X.com 那里租到了一个载物间，开启了利用笔记本电脑开展红外线移动支付的业务。

泰尔是一个绝顶聪明的人，他是国际象棋天才，12 岁时就在全美排名第七。他毕业于斯坦福法学院，在业务上不走寻常路，经常在高风险的项目上下赌注。因为几次获得数倍回报的成功投资，他被誉为硅谷的天使、投资界的思想家。马斯克和这样的人打交道，不管是竞争还是合作，当然都是有挑战性和风险的。

拉夫琴是乌克兰人，和马斯克一样，也是远离家乡到美国的寻梦者。拉夫琴长期生活在美国底层社会，借助一台二手电脑学会了编程。他在中学时代就创办过 3 家投资公司，长大后来到硅谷继续寻梦，偶遇泰尔之后，两个人共同创业建立了康菲尼迪。

起初，马斯克对这个近在咫尺的邻居并没有心存戒备，两家公司保持着和平友好的睦邻关系。直到有一天马斯克意外发现两家公司的业务领域有重叠和冲突。于是，马斯克把他们赶出了 X.com 大楼。

康菲尼迪搬到别的地方继续运营。此时，拉夫琴的商业思路越来越清晰，他力求打造一项能够进行网页和电子邮件支付的业务。于是，他带领自己的团队和马斯克展开了一场关于技术、思维以及梦想的比拼。

公司之间的竞争，主要看争取客户的速度。谁出招更快一步，谁就拥有最大的胜率。因为用户在获得良好的使用体验之后，会对某一家公司产生黏性，为此，马斯克和拉夫琴都投入重金展开推广活动。

为了从对方手中抢走客户，双方在产品研发和营销推广方面加大力度。为此，X.com 和康菲尼迪两家公司都投入了数千万美元。在这场烧钱竞赛中，马斯克充分展示了自己的敏捷思维和灵活战术。他不断修正计划，以打击对手在诸如易贝等拍卖网站上获得的优势。这一阶段，马斯克又开启了疯狂加班模式，他每天只休息一两个小时。在他的影响下，X.com 的员工也被迫跟着每天工作十几个小时。

然而，马斯克和拉夫琴很快就发现，威胁自己的并非同行，还有更可怕的第三方势力——黑客。随着网络支付的兴起，黑客们忽然发现，足不出户就能盗取他人财产，而这也是很多用户最担心的问题。为避免损失，马斯克和拉夫琴都不得不拿出相当多的精力和上百万美元的资金去抵御来自黑客们的攻击。

俗话说："和气生财。"这一道理全球都适用。恶性竞争只会造成双输的局面，长期对峙对于创业公司是极其不利的，弄不好 X.com 和康菲尼迪会两败俱伤。马斯克知道，自己必须调整经营战略，重新思考如何采取行动……

全球领先的网上支付平台

马斯克和拉夫琴都是聪明人，他们都明白"合作比竞争好"这一简单的道理。于是，马斯克率先站出来喊停，拉夫琴马上表示同意。由马斯克牵头，X.com 和康菲尼迪于 2000 年 3 月正式合并，马斯克拥有 11.7% 的控股权。马斯克出任董事长，彼得·泰尔出任首席财务官，首席执行官由原美国财捷集团的比尔·哈里斯出任，形成了驱动新公司的"三驾马车"。

两家合并之后的新公司拥有超过 100 万用户，又增加了新的融资，从高盛集团和德意志银行获得 1 亿美元的融资。

马斯克、泰尔和哈里斯三个人虽然存在一些理念上的分歧，但是在关于新公司和人类社会的关系上达成了共识：网络支付必将极大地影响人们的生活。这是 X.com 从网上银行转型成为支付系统的关键一步。

当时，新公司的个人对个人转账服务每天都产生接近 1.5 万个新用户。人们对这项服务的喜爱与认可使马斯克意识到这一市场有着巨大的潜力。于是，他们调整了即将推出的服务的发展方向，越来越重视直接支付，并开始着手开发一个优秀的支付系统。

2000 年 6 月，马斯克把公司的业务范围从个人对个人扩大到企业对消费者，包括使用手机进行交易。接着，公司开始把重点放在企业对企业的付款服务上。

两个月后，马斯克宣布了公司的战略发展新方向，比起提供大范围的银行和相关的金融服务，X.com 将会转为开发单一的全球支付系统。

为了扩大个人对个人和企业对个人的市场份额，X.com 开始与保险公司、银行以及其他金融机构结成联盟。它与财捷公司签订了 5 年的合同，成了这家公司 300 万小型商业客户的独家网上支付平台。

2001 年，X.com 正式更名为贝宝，马斯克担任首席执行官。很快，贝宝的业务成功扩展到 26 个国家。

经过一系列的努力，马斯克创办的第二家互联网公司已经成功地从最初规划的网上银行转型为专业的全球支付平台，并且成功地实现了马斯克之前提出的目标：成为全球领先的网上支付平台。马斯克没有想到的是，当他觉得一切都比较顺利的时候，危机和挑战又要出现了……

遇到重大挫折也没有倒下

俗话说："文人相轻。"原 X.com 和康菲尼迪两家公司的工程师其实都是高手，但相互不服，导致无法形成技术合力。本来是要研发出当时世界顶尖的网上支付工具，结果目标还没实现，公司网站却每周都会崩溃几次，面对网络诈骗行为更是无能为力。马斯克本来希望可以组成威震业内的技术团队，合并后反而变得松松垮垮，效率低下。

马斯克很快意识到了自己面临创办这家公司以来的第二次合伙人"不和谐"的困境，然而，他还是低估了问题的严重程度。

马斯克对公司的管理带有鲜明的个性和十分强硬的风格。他为使两个公司融合到一起做出了很多努力。但是，他强硬的个人作风很容易引起他和同事之间的矛盾。

康菲尼迪的创始人之拉夫琴觉得马斯克特别聪明，但是，为一向喜欢独断专行的马斯克工作很不容易。这也难怪，马斯克思考的方式太过与众不同。在大多数情况下，拉夫琴的看法很难和马斯克达成一致。

康菲尼迪的另一个创始人泰尔对马斯克巨细无遗、到处插手的管理方式也不满意。毫无疑问，马斯克过人的头脑和能力，使他从制定发展策略到技术开发，每个细节都能凭借个人能力把问题一一解决。这种能力强大得让合作伙伴感觉到很不舒服。

此外，在有关公司技术与品牌方面，大家的观点也不一致。马斯克想要从技术上来一次革新，把贝宝的操作系统从正在使用的 Unix 换成微软，然后在微软平台上进行一切开发。但是拉夫琴和他的团队都喜欢用现在的系统。

看起来矛盾似乎不可调和,一触即发。于是,拉夫琴和泰尔暗中策划了一次"政变"。

2000年9月,尚未充分认识到"人心险恶"的马斯克决定去观看悉尼奥运会。这次旅行还可以看作蜜月旅行。他和贾斯汀早在2000年1月就结婚了,但由于公司的各种大小事情被耽误,直到现在才安排了这次蜜月旅行。

婚后,马斯克把家变成了工作场所,总是一头扎在工作中,即使回到家里,心思也在公司业务上。贾斯汀本来是一个科幻作家,为了家庭,牺牲了自己,却很难和新婚的丈夫进行一次深入而真诚的交流。这对新婚夫妻很快矛盾重重。为了挽救两个人之间的感情,才有了这次蜜月旅行的安排。马斯克万万没想到的是,他和贾斯汀一上飞机,拉夫琴和泰尔就行动起来了。忠心耿耿的部下拼命给马斯克打电话,却一直打不通。当时马斯克正忙着登机。

马斯克刚下飞机,就接到了自己被罢免职位的坏消息。弟弟金巴尔打电话告诉他:"你已经被董事会投票解雇了,彼得·泰尔重新成为贝宝的首席执行官。"

这是马斯克创业以来,遇到的第一次重大挫折。马斯克结束度假回到公司时,一切都变了,他感到震惊和备受伤害。

过了几个月,见事情逐渐平息,马斯克决定和妻子一起先后到巴西和非洲度假。结果,他不慎在非洲染上了热带疟疾,在重症监护室度过了无比煎熬的10天,并花了6个月才康复。这让他在公司的影响力不断下滑。

但是马斯克没有被击垮，他很快调整好了自己。他知道，生命原本就很短暂，不应该把时间浪费在长久的怨恨上。他很快跟两位"叛逆者"言归于好了。后来马斯克和拉夫琴、泰尔一起担任都市喜剧片《感谢你抽烟》的制片人，彼此合作愉快。

尽管不再担任公司的首席执行官，成了"顾问"，马斯克仍然没有"躺平"，反而增加了对公司的投资，以确保自己还是最大的股东。事实很快证明，这种决定和做法是非常有远见的。

贝宝被天价收购

2000年底，贝宝拥有超过500万用户，完成超过10亿美元的支付，处理的支付在整个网上支付领域的占比超过10%。而公司的用户和业务量还在快速增加中。2001年4月，贝宝的注册用户已经达到700万，贝宝系统经手的资金翻了一番，达到20亿美元。贝宝的市场规模不断扩大，这在很大程度上得益于个人用户网上交易的迅速增长。

贝宝已经发展成为全球最大的网上支付平台。虽然易贝当时推出了自己的支付平台，但是不敌贝宝的疯狂扩张。无奈之下，易贝开始制订收购贝宝的计划。

这时，马斯克觉得自己的人生迎来了最狼狈也是最惨痛的结局，他从首席执行官变成了公司顾问，成了无足轻重的人物。但他仍是最大的股东,仍热心关注着公司的一切。

2001年,易贝提出出价4亿美元收购贝宝。对此,马斯克坚决反对,特别是在他仔细阅读了收购要约之后,认为对方出价太低了。因为当时的贝宝已经坐拥大批忠诚用户,估值应该高于易贝开出的价码。

贝宝的高层也觉得这次收购缺乏诚意,于是就拒绝了易贝的这次收购,开始进行讨价还价。

易贝很快把出价增加到8亿美元。在马斯克的坚持下,贝宝选择了拒绝。随后,贝宝把公司上市提上日程。2002年2月,贝宝成功上市,在股票市场表现出色。后来泰尔公开承认了马斯克的远见:"那可能是贝宝时期我们做出的最正确的决定——不是卖掉公司,而是推动公司上市。"

6个月后,易贝出价达到了15亿美元,贝宝接受了这一收购价格。

让易贝出到这么高的价格,马斯克功不可没。公司的大多数人急功近利,倾向于尽快卖掉公司。但马斯克站得高,看得远。在他的建议下,董事会拒绝了多次低价收购要约,每年不断更新财务数据,成功上市,最终促成了15亿美元的"天价收购"。

如此高的价格,马斯克当然愿意接受这笔交易,况且他早就被架空了。他是贝宝的最大股东,掌握了公司11.5%的股份,现在终于可以拿到钱走人了。这笔交易让他净赚了2.5亿美元,交完高昂的所得税,还剩下1.8亿美元。

随着时代的发展，硅谷互联网泡沫破灭，许多公司纷纷倒闭。然而直到今天，贝宝仍然是世界上最成功的网上支付系统，它彻底改变了人们的购物方式和商业资金流向，为互联网的发展做出了很大的贡献。

贝宝的成功对马斯克来说是值得庆祝的，这一次他不仅收获了财富，还完成了自己的心愿——改变了人们的购物方式，书写了网上支付的历史。

然而，并不是每个人都喜欢和充分肯定马斯克，不管是出于偏见，还是出于利益方面的原因。2004 年，康菲尼迪前员工埃里克·杰克逊出版了《支付战争》，把公司成功最大的功劳归于泰尔和拉夫琴，而将马斯克形容为一个刚愎自用的无能之辈，在每一个紧要关头都会做出错误决定且极端自私的人。科技网站"硅谷八卦"也发出了不少批评马斯克的声音，在媒体的推波助澜下，马斯克的作用和能力被质疑。对此，马斯克非常生气，他一怒之下写了一封长达 2200 字的邮件为自己辩解。当然，他觉得最重要的是，想清楚如何用后续的行动证明自己的能力和贡献。

在相当长的一段时间里，马斯克没有做任何事，而是把自己关在别墅里玩一款名叫《生化奇兵》的第一人称射击游戏。为什么马斯克突然痴迷于一款游戏呢？

原来，马斯克认为这款游戏讲述了辩证法，他从血腥的争斗中发现了哲学层面的文化竞争，他认为当代社会的很多冲突都是源于不同文化基因的对抗。正是有了这个新发现，马斯克才发展了他的管理思维，懂得了如何在内斗中进退自如以及如何掌握平衡的艺术，这些在他后来的创业生涯中都发挥了很大作用。

卖掉公司后，马斯克缴完税还剩 1.8 亿美元。他没有去周游世界，享受生活，而是将所有钱用在再次创业上：1 亿美金用于投资太空探索公司，7000 万美元用于开发特斯拉，1000 万美元用于创建太阳城公司。

第四章
太空探索

PART 04

　　都说没有人愿意为一个新成立的商业火箭研发公司投资。投资的常识之一便是远离航天领域，航天产业眨眼间便能让巨额的财富蒸发掉。而由马斯克于 2002 年创办的航天公司，却具备了制造、发射、回收、复用运载火箭的能力，并且能够发射载人飞船以及卫星进入各种轨道，取得了许多国家航天机构都不敢想象的成就。马斯克一直无视"世界规则"，打败"不可能"……

做航空局不敢做的事

在推特上，马斯克曾向网友推荐美国作家艾萨克·阿西莫夫 1951 年出版的系列科幻小说《基地》。这是他从小到大都非常喜欢的小说，对他的事业影响很大。马斯克说："这套小说是太空探索技术公司的创设基础。"或许，它还是开启马斯克"太空梦"的钥匙。

贝宝成功后，马斯克想要做一些互联网之外的事。后来他解释说："在很长一段时间里，我几乎把每一天都投入在网络里，几乎把自己融入其中。我好像对网络失去了热情和兴趣。关键是，我现在有点儿钱了，可以考虑干点儿更大的事。"

马斯克开始思考：眼前有哪些问题最可能影响人类的未来？他认识到，地球面临的最大问题是可持续能源，也就是如何用可持续的方式生产和消费能源。如果不能在 21 世纪解决这个问题，人类将面临灾难。而另一个可能影响人类生存的大问题，是如何移居到其他星球。——后来的特斯拉、太阳城和太空科技公司，都是为了解决这些问题而创建的。马斯克觉得现代社会比恐龙时代面临更多的危机，像超级病毒、人造黑洞、陨石等，都可能让人类灭绝。所以，他决定进军太空探索领域，研究让人类进入宇宙的最节约的办法。

马斯克对太空痴迷已久，他很清楚这个领域最需要的两样东西是技术和资金。他一直觉得探索太空太费钱了，而且非常复杂。但是，究竟有多费钱多复杂呢？他不知道。在一次和朋友的闲聊中，他突然意识到：也许那不应该如此费钱和复杂。他决定先看看在空间探索领域有没有能做的事。最容易想到的自然是类地行星火星。

为了了解美国航空局的火星计划，以便确定自己在相关领域能进一步做的事，马斯克开始浏览美国航空局的网页，试图了解美国航空局正在开展的航天计划，尤其是有关火星的计划。出人意料的是，他竟然什么也没有找到。美国航空局竟然完全没有提到火星。

事实上，航空局不是没有计划，而是不敢去做。把人类送上火星，早就在官方的计划之列。但高昂的研发成本让他们不得不放弃了该计划。1998 年，美国航空局粗略估算了一下从地球到火星的载人飞行费用，得出的结论是：至少 5000 亿美元。投入这样一大笔经费，并不能保证取得具有确定性的结果，对政客来说，这显然是个麻烦，没有人肯拍板。

作为民间创业者，马斯克一直想干一些大事，美国航空局不敢做的事情，非常符合他的创业目标。随后，他找到了航空航天顾问吉姆·坎特雷尔，再加上宾夕法尼亚大学的室友阿德奥·雷西，三人就成了太空探索技术公司的前身火星生命公司的核心人物。马斯克担任董事，雷西负责管理，坎特雷尔负责技术。

于是，在 2002 年 6 月，也就是易贝收购贝宝之前的好几个月，马斯克就成立了他的下一个公司，也就是太空探索技术公司。这个公司的目标是：使人类能够在多行星上生存。

太空探索技术公司网站上写着马斯克的一段话："清晨醒来，相信未来是美好的——这就是航天文明的全部意义。"

马斯克的太空探索技术公司总部位于加州的霍桑，洛杉矶的郊区。整个办公楼到处都是火星的海报。在马斯克的办公室墙上，贴着一张流星划过天空的海报，上面写着："当你向流星许愿的时候，你的梦想就会成真。但如果流星撞击地球，那将毁灭所有的生命。"

对大多数人来说，这只是个黑色幽默，但放在马斯克的办公室里，就揭示了马斯克的远大理想：为人类在其他行星和卫星上创造栖息地。

用物理学思维制造火箭和从事太空探索

马斯克曾说过："如果你真的想做一些新的东西出来，就必须依赖物理学的方法。"他把自己所取得的全部颠覆式创新成就归结于对"第一性原理"的运用。

第一性原理思维，是想出原创解决方案来解决复杂问题的最有效的策略之一，也是学习如何独立思考的最有效的方法。

马斯克的表述是：找到基本的真理，然后从基本真理出发进行推理和思考。在实践中，就是将过程简化为最基本的部分，通过最基本的部分来把握本质，进而把握整体。

很多伟人，如古希腊哲学家亚里士多德、西方现代哲学奠基人笛卡尔、发明家约翰内斯·古登堡（西方活字印刷术的发明者）等人，都善于采用第一性原理的方法，而马斯克则努力成为有效地运用第一性原理进行思维的人。

马斯克在接受采访时说："我更倾向于从物理学的角度来看待世界。物理学教会我运用第一性原理的思维去推理，而不是用类比的思维。让我们来看看这个第一性原理究竟是什么。火箭是由什么制成的？航空级铝合金，再加上一些钛、铜和碳纤维。然后我会问自己，这些材料在市场上值多少钱？结果他发现，火箭原材料的成本大约是火箭价格的 2%。这样，我就知道大幅度降低成本是可能的，我就会竭尽全力去做。"

马斯克决定创办一家自己的公司。在筹建的过程中他发现，与其花几千万美元的高价购买一枚已经造好的火箭，还不如购买便宜的原材料来自己打造一枚火箭。太空探索技术公司就这样诞生了。

在几年时间内，这家公司将发射火箭的成本降至原本的1/10。尽管价格已经很低，但是公司仍然能够大赚一笔。马斯克采用了第一性原理的思维将最初的情况分解为最基础的问题，解决了航空工业的高价问题。

与第一性原理的思维不同的是，通常人们更喜欢模仿。大多数人在进行创新时，都会把精力集中在对当前形式的改进上，而不是完全抛开当前形式，着眼于功能的改造。

比如，在开始设计飞机时，很多工程师都觉得如果人类想要飞的话，就要像鸟一样扇动翅膀，结果全都失败了。——这就是马斯克所说的"人们通常用类比来生活"的做法。但莱特兄弟想明白了一件事，从根本上讲，飞机不是鸟儿，应该寻找更底层的技术原理。最后受到帆船的启发，将飞机的机翼变更成帆形，终于获得了成功。飞行靠的是空气动力学（第一性原理），而不是仿生学（比较思维）。

马斯克还发现，这一原理不仅可用来创造，也可用来指导教学。根据这一原理，教学应该以问题为重点，而不是以工具为重点。比如，如果想了解内燃机的工作原理，最好的方法就是把它拆开，把每个零部件都研究一下，然后再组装起来。在这个过程中，我们需要螺丝刀、扳手，以及其他各类工具。当你把内燃机拆开再组装起来的时候，你就知道这些工具的作用了。但如果反过来，先给你上一堂关于螺丝刀和扳手的课，那效果就很差了，你很难记住。

马斯克在选择创业项目的时候，会问自己两个问题：要解决的这件事是不是违反基本原则？这个项目对人类、对社会是不是有重大的价值？

如果这两个问题的答案都是肯定的，马斯克就会考虑去做这个项目，不管遇到多大困难。

经过认真评估，制造火箭和太空探索完全符合这两个条件，所以马斯克决定用心去做，不怕追求这项事业过程中遇到的各种艰难险阻和沟沟坎坎……

创立太空探索技术公司自己制造火箭

马斯克非常喜欢美国作家艾萨克·阿西莫夫1951年出版的科幻小说《基地》。书中讲述的是：银河帝国逐渐走向衰亡期间，只有心理学家谢顿预见到，未来银河将会经历一段漫长的充满无知、野蛮和战争的黑暗时期。于是，他集合帝国中最优秀的科学家来到银河边缘的一个荒凉行星建立"基地"，以便供人类未来移居……

这个故事对他关于人类和太空的思考产生了很大的影响。他最初的设想是：启动一个高调的火星计划，来改变公众的观念。马斯克觉得这并不是什么无法实现的事，要做的就是找到经济而又安全的方法，使人类能够在地球和太空之间自由地往返。因此，成立公司后，他计划购买一枚火箭，然后用航天器把老鼠、植物等一些有生命的东西送往火星。

听说俄罗斯正在以每枚700万美元的价格出售改装后的洲际弹道导弹，马斯克准备亲自到俄罗斯，先购买3枚。

与俄罗斯空间项目组见面后，马斯克发现没人喜欢谈生意，大家都喜欢喝伏特加。马斯克都喝倒了，生意还没眉目。

随后，俄罗斯人来洛杉矶见马斯克，硬要 5000 美元的现金做"见面礼"。马斯克极不情愿地把钱给了俄罗斯人，还是没有达成任何买卖协议。

马斯克只好再次奔赴俄罗斯，他准备好了 2100 万美元，想买回 3 枚洲际弹道导弹。但是俄罗斯人想法有变，说："这些钱不够，2100 万只能买到一枚火箭。"

马斯克感到非常沮丧，但是他很快振作了起来，对同事说："既然这样，我想我们能够自己造火箭。我现在还不具备火箭方面的专业知识，但是我决心要成为一个专家。"

从俄罗斯回来，马斯克宣布，他要把火星生命公司变成一家火箭制造公司，也就是现在的太空探索技术公司。

除了俄罗斯人漫天要价令马斯克不爽，促使他做出决定的，还有一个重要原因，他发现火箭技术自 20 世纪 60 年代以来，再没有什么重大改进。俄罗斯在发射卫星和载人航天器市场上占有重要地位，却还在使用几十年前的旧设备。它们用于往返国际空间站的"联盟"号载人飞船，体积狭小；机械旋钮和电脑屏幕，自 1966 年首次飞行以来，从未更换过。而后来加入太空竞赛的国家，却都在照搬俄罗斯和美国的旧设备。马斯克决定改变这种产业格局。

决定自己制造火箭，让马斯克重新燃起创业激情。尽管结果犹未可知，但是他说："钱和快乐之间没有直接的联系。对我来说，我要做的是有意义的事情，尽我的所能去改变这个世界，让人类生活变得更加美好，这是我倍感快乐的事情。为此，我不介意冒险。"

马斯克在洛杉矶的郊区租了一间旧仓库，工作环境非常简陋，只有水泥地面和 12 米高的天花板，连隔热层都暴露在外，几个办公隔间最多容纳 50 个人。就是在这样一个连流浪汉都看不上的鬼地方，马斯克招募了他的第一批员工。这些年轻人看到简陋的厂房，本想转身就走，但是被马斯克激情澎湃的演讲深深打动，最后稀里糊涂地留了下来。

马斯克告诉所有的员工，太空探索技术公司的目标共有 4 个：

第一，能够自己生产火箭推进器；第二，其他零件不用自己制造，而是通过采购的方式获得；第三，严格控制产品的成本和质量；第四，比其他公司生产火箭的速度更快。

他想把自己变成火箭专家

全世界只有屈指可数的几个国家有可靠的火箭技术，都是倾尽举国之力。而马斯克，一个只有宾大物理和经济本科学历的人，用 1 亿美元投资相对于需求来说只是杯水车薪。所以，难免会困难重重。

听说马斯克新成立的一家民营公司要造真正的火箭，媒体和大众几乎把这件事当成笑话看，马斯克一如既往地不在乎。

马斯克在大学曾修过物理学，但火箭方面的知识很有限，他想把自己变成火箭专家。于是，他又迷上了读书。即使在巴西里约热内卢的海滩度假期间，他手里也会拿着一本《火箭推进的基本原理》。他鼓励同事："别害怕新领域，你能从书中学习。你能从书里学到知识和经验，然后在全新的领域施展拳脚，找到或者创造成功的方法。"

他把朋友大学时期所有有关火箭与推进器的课本都借去了，仔细阅读和研究。一位资深航天专家说："埃隆熟悉航天领域的速度非常快，他不仅非常了解技术层面，而且对整个航天产业的运作了若指掌。这真的很了不起。"

除了向书本学习，他还特别注重向专家和同行甚至下属学习。马斯克经常会在厂区内拦住某位工程师，然后抛出一大堆问题，通常弄得对方不知所措，还以为是上司突击测评考查员工呢。后来一聊才知道，马斯克是真不懂，是在诚心请教，真想学习。就这样，在经营太空探索技术公司几年后，他竟然成了一位航空专家。

在自学火箭推进知识的同时，马斯克还把航天领域最聪明的人集结在了一起。

与航天界的人才接触后，马斯克很快摸清了火箭的"可行性"。他选择了整个美国航天工业里最出色的人才。了解到他们普遍觉得在大航天企业的工作十分无聊，马斯克用优厚的工作条件引诱他们：能自由地自己建造火箭，他们不必再像在大航天企业里那样，每天参加冗长的会议；不必为了采购某个零部件等待好几个月的审批，或者忙着应对国际上的攻击。

世界上最大的雷达制造商的机械师、梅林火箭发动机的设计者、波音公司德尔塔运载火箭测试主管等一大批顶尖的业务人才，都被马斯克的梦想吸引了过来。这些人才后来真的都能够在关键岗位上大显身手，而不仅仅充当一个庞大体系中的螺丝钉。

太空探索技术公司的几乎所有工程师都在一个屋檐下工作，这意味着设计、测试和改进形成了流水线。这减少了烦琐的程序，再加上默契的团队合作，公司的工作效率出奇地高。为了提高公司的开放性，无论是谁，每周五的午餐时间都可以去问马斯克关于公司的事情。

这段时间，马斯克把80%的时间花在了工程和设计上。他有空就学，不懂就问，在技术方面总算有了点儿眉目。当然，还有一个和技术几乎同等重要的问题需要解决，那就是资金。此前，马斯克根本没想到融资居然会这么困难……

没有投资公司敢接触航天领域

虽然马斯克创办的前两个公司都通过风投公司得到了相当可观的投资，但是，这一次情况却不同了，没有人愿意为一个新成立的商业火箭发射公司投资。投资界的常识之一便是远离航天领域，航天产业眨眼间便能让巨额的财富蒸发掉。

马斯克首先找到的是斯坦福校友兼好朋友史蒂夫·尤尔韦松。尤尔韦松在硅谷小有名气，他是德丰杰风险投资公司的合伙人。创立 X.com 前，马斯克和尤尔韦松就谈过网上银行的投资问题，尤尔韦松有投资的意向，但还没有实施，就被红杉资本捷足先登了。

考虑到尤尔韦松也是太空迷，是"阿波罗 11 号"太空船的收藏爱好者，所以，马斯克决定先找这位老朋友。果然，听了马斯克自己要制造火箭的计划，尤尔韦松立刻表现出浓厚的兴趣。然而，尤尔韦松带着马斯克为太空探索技术公司融资的时候，处处碰壁，几个星期都没有进展。毕竟私人发射火箭，这个项目太大、太烧钱了，没有投资公司敢接触，大家还是更看好互联网项目。

马斯克一遍遍耐心地向潜在的投资者描述自己的宏大设想："太空探索技术公司的目标，就是用先进的火箭技术，通过特别的方法，尝试破解一个问题。这个问题，我认为对于人类成就航空文明至关重要，那就是研究一种快速和完全可重复使用的火箭。

"太空探索技术公司的终极目标是要让人类移民到火星，让人类有可能在地球濒临灾难的时候，找到新的家园，而不是受困于地球的束缚。"……

虽然他谈得很投入，很有激情，但是人们的反应却总是很冷淡、很令他失望："火星？听起来像科幻片！""想点儿正经生意吧，异想天开的毛头小伙子！"

就连一个很好的朋友也这样调侃他："不少亿万富翁都被工程师的开创太空事业新纪元的花言巧语蒙得晕头转向。但是，钱花光的时候，就只能无疾而终。最后只能听到埃隆一边叹息一边解释：'好吧，我本来认为只需要花 1000 万美元送老鼠上太空，但现在却要花几亿美元。看来，停下来才是明智的。'"

融资失败，马斯克并没有因遇到挫折而放弃。最后，他狠了狠心，个人出资 1 亿美元，这笔钱是后来太空探索技术公司自主开发火箭发动机、设计火箭、完成火箭试发射等资金的主要来源。

这太冒险了，朋友们为了阻止他，特意在视频网站"油管"上收集了一系列火箭炸毁的视频发给他。马斯克并没有被吓倒，只是说：

"世界需要太空探索技术公司这样的公司。做不可能的事，本身就是有趣的。如果失败得不够多，说明在创新方面做得还不够。我做这个公司，不是为了最高投资回报率。我知道很有可能失败。我知道开创一家火箭公司是非常冒险的，但我坚信，我们是太空探索的先行者。"看来，马斯克决定要做的事，没有人能够阻止……

独立开发"猎鹰"系列火箭

太空探索技术公司决定研发的第一枚火箭叫"猎鹰1号"，这是向电影《星球大战》中的"千年隼"号致敬——千年隼是生活在古代的一种猎鹰，这是一种极具威力的猛禽，飞行速度非常快。在传统的西方文化中，它是贵族地位和荣耀的象征。

"千年隼"是星战电影中出场最频繁的飞船之一。在《星球大战》中，"千年隼"号是一艘经过汉·索罗改装的货船，可以说是大众心目中最著名的宇宙飞船。

马斯克本来想和航天承包商们讨论太空探索技术公司可能开展的外包工作，但结果却让他很失望。在总结了"阿波罗"号飞船和此前的很多运载火箭项目的经验之后，太空探索技术公司打算独立开发自己的"猎鹰"火箭。为此，马斯克花重金招聘了全明星阵容的专家级员工。

马斯克找来了美国最大的引擎制造商天合汽车集团的液体推进器领域的专家汤姆·穆勒，招募了原波音公司的蒂姆·布萨、麦道飞行公司的火箭结构设计师克里斯·汤普森。

当穆勒等人来到马斯克的团队之后，发现这里已经聚集了很多专业人士，这也坚定了穆勒等人和马斯克共同奋战的决心。

马斯克按照自己的风格重新布置了太空探索技术公司的

办公室：在水泥地板上涂上一层环氧树脂涂层，墙上刷的是白色乳胶漆。整个工厂以白色系为主，这样看起来既干净又敞亮。办公桌都分布在工厂里，这样一来，毕业于常春藤大学的计算机科学家、负责机器设计的工程师和负责硬件制造的电焊工、机械师都可以坐在一起。

马斯克告诉大家："太空探索技术公司将会开启美国火箭领域的新纪元，目标是成为太空行业中的西南航空公司。"为此，他设置了一份近乎疯狂的时间表：

公司将在 2003 年 5 月和 6 月分别制造出第一台和第二台火箭推进器，7 月完成火箭机身的生产，8 月一切装配完毕，发射台将在 9 月准备完毕，首次发射将在 11 月进行……

为了缓解工作压力，马斯克还会跟大家一起打游戏。通过这种现场参与和集体娱乐，太空探索技术公司形成了高效团结的工作氛围。

然而，尽管太空探索技术公司的工程师们已经很卖命了，他们每周工作 100 个小时以上，但是，实际的进度还是比马斯克预期的晚了很多……

降低火箭发射成本还需要走很长的路

马斯克意识到，星际旅行至今没有实现的最大阻碍，是高昂的火箭发射费用。他想最大限度地降低火箭发射费用，打破国家和政府垄断航天行业的现状，使得个人航天时代能够更快来临。他把太空探索技术公司眼下的目标定为以更低的成本生产出具有更高可靠性的空间发射装置。

马斯克对公司的定位非常清晰：“太空探索技术公司是一家商业公司，目标是生产出低成本的卫星发射装置。如果我们能成功的话，美国航空局会使用我们的装置进行人类空间探索，而人类空间探索是我们的终极目标。”

2002年初，马斯克和他的火箭专家们在洛杉矶机场的一个酒店花了几周时间开会，讨论降低火箭成本的可能性。他问：“我们能降低多少发射成本？”

有专家回答：“也许3%。”

马斯克自信地说：“3%？我认为我们能把火箭发射成本降低到现在的10%。”

大幅降低发射费用，当然有一段很长的路要走，关键是技术和工艺。

在这次会议中，火箭专家们开始讨论马斯克设想中“更快、更便宜、更可靠”的火箭，如何不断创新工艺，如何实现一系列细节的改进。许多主要的决定是马斯克做出的。

为了降低成本，一方面他们要控制火箭发动机、电子设备和发射平台的研发经费，借鉴已有的技术；另一方面要控制公司的运营开支。

他们在火箭设计阶段就迈出了降低成本的第一步。太空探索技术公司在设计自己的航天设备时遵循一条核心原则：简单——简单的设计既能保证可靠性，又能降低成本。相较其他火箭而言，"猎鹰"系列火箭在设计时就大幅度地减少了发射场所需的发射装置。他们还发现，获得一种零部件或者材料最便捷的方式是自己生产。这也是他们降低成本的方法之一。

"猎鹰1号"使用的仍然是20世纪60年代的针栓喷注式发动机，而不是大多数火箭采用的喷头式发动机或者面板喷注式发动机。发动机虽然是老式的，但是非常可靠。这就足够了。他们的目标是让火箭成功飞起来。

在选择零件时，他们有意避开昂贵的航空航天级产品，尽量寻找替代品。例如，火箭电气系统采用单芯电缆，而没有采用典型的大型、串行电缆束。

火箭使用的航空电子设备通常会花100万美元，然而"猎鹰1号"火箭使用的计算机与普通银行ATM（自动取款机）使用的一样，成本仅为5000美元。

为了确保可靠性，公司提出了一项顶级要求：试验将要发射的运载火箭，试验、试验、再试验。太空探索技术公司将每一阶段的产品都送到田纳西州作为一个完整的系统进行试验。

公司采用低成本的工业元件，通过不断测试来提高可靠性，为低成本火箭的发展提供了可靠的保证。

所有员工都持有股份，这使他们每个人都尽力为公司节省资金。一个工程师没有采购全新的经纬仪，而是从网上淘了一个，为公司节省了2.5万美元；研究人员在一个工业垃圾场发现了一个旧整流罩，就节省了一个新的。

2008 年，太空探索技术公司在成立 6 年之后，将首枚 635 千克载荷的运载火箭"猎鹰 1 号"送入预定轨道。这种火箭每次发射的费用为 670 万美元，不到美国其他公司同类火箭发射成本的 1/4。

预计会落回大海里的"猎鹰 1 号"火箭的第一级是部分可回收的。专业火箭回收公司的费用大约是 25 万美元，太空探索技术公司请一家能打捞特殊物品的拖船公司以 6 万美元的价格把"猎鹰 1 号"的第一级装置捞了起来。

之前人们认为，火箭也不应该飞行超过一次。几十年来，废弃的火箭被遗弃在海里。马斯克想，虽然从来没有人制造过任何类型的、完全可重复使用的轨道火箭，但这也不是不可能实现的。"如果想移民火星，没有可重复使用的火箭根本就做不到。这就像每次航海归来上岸后就把船烧掉一样！"

在 2016—2022 年间，太空探索技术公司成功回收了 90 枚"猎鹰 9 号"火箭的第一级，并对其中的 72 枚进行了再利用。马斯克已经开始研究对二级火箭的回收和再利用。这为节省成本发挥了重要作用。

现在，火箭的可重复利用已经成为太空探索技术公司的核心项目。

可以接受失败，但不能接受放弃

作为首席执行官，马斯克最重要的特质就是他具有摆脱逆境的能力，他最喜欢的是丘吉尔的名言："如果你正在地狱穿行，那就继续前进。"在"猎鹰1号"试发射的过程中，他的这种特质得到了充分展现。

"猎鹰1号"是世界上第一种由私人出资研制的液体火箭，也是第一种全新的航天运载火箭。马斯克认为它标志着低成本航天飞行时代的来临。

2003年12月，马斯克向公众展示了"猎鹰1号"的原型，并且召开了发布会。他们的廉价火箭已经发射在即。

第一枚"猎鹰1号"火箭个头不大，直径不到2米，采用性能很强的发动机，两级入轨火箭，只有一次级间分离，还试用了一种以前极少用于运载火箭的控制系统。

相关评估公司估计发射失败率为2.8%，这是美国历史上失败率最低的发射。然而，被大家寄予厚望的"猎鹰1号"试发射进行得并不顺利，首次发射日期一再延后。

第一次发射火箭本来定在2004年初，但计划没能顺利实施。直到秋天，才解决了引擎的问题，但是又发现组装整个火箭的环节还有些问题，很多困难都超出了预期。直到2005年的5月，这些问题才得到解决。

2005年9月12日，一个真空阀错误的出现再次推迟了火箭的发射，还造成火箭内部损害。随后，地面点火测试日期定为2006年1月10日。然而，这一天的测试结果并没有得到认可，太空探索技术公司被要求再次检查火箭。

两个月后，"猎鹰1号"火箭的发射时间才终于敲定：2006年3月25日。

马斯克和同事期待已久的历史性的一天终于到来了。"猎鹰1号"点火后，欢呼声还没消失，火箭起火了，整个火箭坠落大海……

马斯克遭受了沉重打击，但随后他对媒体说："这是一次试验发射，所以此次飞行应该说还是成功的。对于成功的概念，很多媒体都有混淆。实际上，试飞和实际发射卫星在成功的标准上是有区别的。关键的一点是，试飞的成功可分成多个级别。试飞是用于在实际发射卫星前获取数据的，成功的程度要看所获数据多少。'猎鹰1号'首次飞行获得了有关第一级、地面保障设备和发射台的大量数据。这就足够了。"

有记者问："你为什么要冒着这么大的风险玩火箭？"

马斯克开玩笑说："我在练习如何让财富缩水。"

记者又问："你还会继续享受制造火箭吗？"

马斯克回答说："任何事情都不会百分之百地充满乐趣，当想到实现把火箭送上轨道这个目标的时候，我们还是会非常开心的。"

第二次火箭发射定在 2007 年 3 月 20 日。按预定的时间，"猎鹰 1 号"火箭发射升空。火箭起飞后，第一级发动机推动火箭向上飞行约 3 分钟，燃尽的第一级与火箭分离。第二级发动机点火，整流罩被抛弃，火箭继续上升。第二级点火约 3 分钟后，地面人员与火箭失去联系……

两天后，马斯克向媒体证实，在"猎鹰 1 号"火箭第二次试验发射中，火箭第一级和第二级发生了碰撞，第一级火箭也未能回收成功。但马斯克坚持认为这次试验发射算是成功的。他说："本次试射的主要目的是掌握充分的数据，以确保下次实际发射卫星时，能有很大的把握。我们认为做到了这一点，所以说，我们的目标已经实现了。"

第三次火箭发射定在了 2008 年 8 月 2 日，"猎鹰 1 号"正常发射升空，但两分钟以后，火箭开始震颤，最终与地面失去联系。这次火箭上搭载了 3 颗人造卫星以及 208 名希望将骨灰撒向太空的死者骨灰。

这次发射失败后，甚至连马斯克儿时的偶像——首位登月者阿姆斯特朗，也站出来反对马斯克的商业太空飞行计划了。那些宇宙开发部门的专家幸灾乐祸地说："早就说过了呀，这是白费力气！"

马斯克在新闻发布会上坦诚接受现实，但最后强调："乐观也好，悲观也罢，事情已经这样了！我们将继续进行第四次发射，第五次发射也在筹备，制造第六枚'猎鹰 1 号'的计划也已获批。请全世界做证，我就是拼了命，也要把事做成！"

他坚持认为，执着是企业家的重要品质。

太空探索技术公司的工程师立即投入紧张的工作中，仅仅7周后的9月28日，火箭成功发射。

马斯克的成功之路并不平坦，他面临着许多艰难的挑战和反对声音。然而，他从不轻言放弃，即使面对"财富缩水"的重大风险，也始终坚持自己的目标和理想。无论是太空探索技术公司还是后来的特斯拉，马斯克都经历了多次失败，但他总是能够保持乐观和坚毅的态度。这或许是他最终能取得令人瞩目的成就的主要原因。

他所信奉的理念是："瞄准月亮，如果你失败，至少可以落到云彩上面。""我认为人们可以选择不平凡。一个人的一生，如果没有经历几次失败，就会错过挑战自我极限的机会。人生的历程中总是伴随着无数次的成功与失败。既然我们选择了创新，就不能畏惧失败，应在每次的失败中咀嚼事物的本质。通过不断的试验，终能成功。""可以接受失败，但不能接受放弃。"

火箭发射成功但也存在不足

2007年，"猎鹰1号"第二次发射失败之后，太空探索技术公司不仅没有放弃"猎鹰1号"，还同时启动了"猎鹰9号"

的研发。这种火箭由于第一级上有 9 个发动机而得名"9 号"，拥有比"猎鹰 1 号"高出 15 倍的升空推力。

圈内人又开始嘲笑马斯克了："'猎鹰 1 号'都没有发射成功，还痴心妄想推出'猎鹰 9 号'和宇宙飞船？这也太不靠谱了吧？"然而，马斯克自己心里早有了"谱"，只是他们看不到而已。

2010 年 6 月 4 日，"猎鹰 9 号"火箭进行了首次发射，将一艘货运飞船的试验样船送入 250 千米外的预定轨道。很多人通过太空探索公司的网络直播观看了这次发射。

发射前，马斯克觉得只有七成把握，但他不是轻易服输的人。他在推特上发了几张复古风格的太空海报，配上情怀十足的一句话："火星，等我。"

"猎鹰 9 号"的发射成功，鼓舞了太空探索技术公司的士气，也让人们看到美国航空局饱受争议的商业航天计划获得成功的希望。

当然，在发射前，研发和准备工作也不是一帆风顺的。这枚火箭是在经历了数月的推迟、倒计时的延长和最后一刻的发射中止后，才成功发射的。就在首次倒计时即将数到 0 时，它曾被叫停而中止了一次，因为"启动参数超限"。在这次中止前，发射倒计时曾在 T-15 分钟停留了约两小时。其间太空探索公司飞行团队和靶场安全官员对火箭飞行终止系统的天线信号读数偏低问题进行了评估。倒计时恢复前，还出现了有船只闯入发射设施附近的禁区的情况……

发射成功后，商业太空飞行联合会会长亚历山大称，这是"历史性"的一天。他在发给《航天新闻》的电子邮件中说："'猎鹰9号'升空运载的是参与这一新项目的数百位工程技术人员的希望和梦想。我知道举国上下有成千上万的祝愿者在为之欢呼。一种全新的火箭在首飞中能有这么好的表现,确实令人难忘。"

美国航空局局长博尔登在书面声明中说："'猎鹰9号'的成功首飞,是商业航天运输领域一座重要的里程碑,使太空探索技术公司向为国际空间站提供货物运输服务迈进了一步。"

难能可贵的是,百折不挠的马斯克,在成功面前非常冷静。他要求技术人员对"猎鹰9号"火箭首飞的数据进行认真评判。最后,公司发布的报告指出:这次发射虽取得了成功,但并非完美无缺。火箭曾出现一次明显的滚转,只是没有影响到入轨方向。另一点美中不足是,与火箭分离的第一级在再入大气层过程中解体,没能如愿加以回收。

马斯克说,原本用于跟踪第一级的一部微波跟踪雷达,在级间分离后,错误地将第二级作为跟踪目标。所以,公司没能拿到太多有关第一级解体的信息。

对很多人来说,胜不骄比败不馁要难得多。不被胜利冲昏头脑,在别人吹捧自己的时候保持清醒,在成功的时候发现不足,才是追求卓越者的风范。

正是因为集创新、冒险和追求卓越于一身,并将这些理念融合到生活和事业中,马斯克才能走得比别人更远,收获得比别人更多。

"猎鹰9号"搭载"龙"飞船发射成功

2012年5月22日凌晨，"龙"号飞船搭乘"猎鹰9号"火箭成功升空。美国太空探索技术公司创造了历史，开启了私营企业进入航天领域的新时代，由私人公司将飞船送到国际空间站，这是史上首次。此前，几乎所有航天活动都由政府主导。

"龙"飞船发射后，美国总统奥巴马首席科学顾问霍德林说："每一次航天发射都令人兴奋，但这一次尤其激动人心，因为它代表着美国航天进入一个新时代。"

"龙"飞船的名字源自美国的一个民谣组合，他们在20世纪60年代发布了一首名为《魔法龙帕夫》的广为流传的歌。这首歌讲述的是关于一条名叫"帕夫"的长生不老的龙和它的玩伴的小故事。小时候玩伴跟帕夫形影不离，一起冒险。长大后，这个玩伴却不再对探险感兴趣了，导致帕夫整天很孤独……为了刺激"对冒险失去兴趣的大人们"，马斯克决定用"龙"来命名这艘宇宙飞船。

搭载"龙"飞船的"猎鹰9号"火箭发射后，马斯克立即发表感言："'猎鹰'飞得非常完美，'龙'飞船也进入轨道，我感到了巨大的鼓舞。"

发射两天后，"龙"飞船于5月24日从国际空间站下方大约 2.5 千米处飞过，并进行一系列轨道机动及设备检测，以确认其通信和导航系统处于可控状态。

根据计划，"龙"飞船在空间站下方大约 10 米处飞行，国际空间站两名宇航员操纵机械臂捕获"龙"飞船并实施对接。"龙"飞船与空间站对接约两周，随后承载 600 多千克载荷返回地球。

此次任务成功后，美国太空探索技术公司从宇航局获得标的 16 亿美元的合同，向国际空间站发射 12 次货运飞船。

2012 年 5 月 31 日，"龙"飞船成功与国际空间站对接后返回地球，完成了历时 9 天的历史性展示飞行任务，非常精确地降落在设计降落地点附近。世界上掌握了航天器发射回收技术的"领先者"只有美国、俄罗斯、中国，还有埃隆·马斯克。这标志着太空运载的私人运营时代正式来临了。

"猎鹰 9 号"搭载"龙"飞船的发射成功，具有里程碑式的意义，全世界的电视台都进行了实况转播。第一位给马斯克打来祝贺电话的是总统奥巴马。美国航空局局长激动地说："'龙'飞船的发射成功，标志着美国再次成为太空探索的领头羊，其重要性怎么评价都不为过。"

马斯克在公司总部召开的记者会上说："这是了不起的一天。简直太棒了！我实在是太高兴了。我们已经为它奋斗了 10 年，它表现得这么好，非常令人满意。"

这次成功发射，为太空探索技术公司赢来了巨额订单。

2012 年 11 月，在"龙"飞船上天之后，作为世界上首位将私人飞船送上太空的企业家，马斯克收到了来自英国伦敦皇家航空学会的奖章。激动之余，他又一次谈起他的火星梦想："人类可以在火星创立一个自给自足的文明，然后它会有无限的可能……"

"秘密载荷"奶酪

太空探索技术公司牵头研发的"龙"飞船，是全球屈指可数的商用太空飞船之一。在2012年5月22日这次正式试飞前，2010年12月8日还曾进行过一次成功试飞，目的是检测"龙"飞船在飞行时以及重回地球大气层时的性能。

那次发射任务之所以受到广泛关注，并经常被人们所提起，主要原因是，在"龙"飞船的返回舱中有一种"秘密载荷"：一块奶酪。

奶酪外面还标注着："嘘！最高机密！"还有一头看上去很迷茫的、穿着靴子的奶牛模型，被放在了飞船的头部。马斯克解释说："这是为了表达对蒙提·派森（Monty Python）的喜爱。"

蒙提·派森是著名的英国六人喜剧团体，被誉为"喜剧界的披头士"，它的代表作是《蒙提·派森的飞行马戏团》，它的喜剧短片《奶酪商店》被很多西方人所喜爱。这个团体的作品主题和内容丰富多样，从国家、社会、宗教、经济、战争、体育到历史、文学、哲学、自然科学、语言等涉及各个学术领域。这个团体尤其善于用荒诞不经的方式来挑战和表现各种社会禁忌、规章、权威、不合理现状和刻板印象，风格充满了颠覆性。所以即便是40多年后的今天，多段蒙提·派森小品依然在年轻人中广受欢迎，被认为能切中时弊。

科学家，尤其是计算机科学家，在命名新事物时经常会从派森上寻找灵感，编程语言Python的得名就是因创作者特别喜欢《蒙提·派森的飞行马戏团》。一颗由捷克科学家于1997年发现的小行星被命名为蒙提·派森。Python本身有"蟒蛇"的意思，很契合"龙"飞船的名称。

当然，不管怎么说，太空探索技术公司向空间轨道运输了一块奶酪并成功将其送返地球的行为，都不是常人所能理解的。

火箭和飞船都是高精密仪器，哪怕是多出一克都可能会带来隐患。因此，催生了"载荷专家"这一特殊职业，目的就是确保飞船的有效载荷发挥最大价值。

返回式飞船每次需要完成的各领域科研任务至少有几十项，为了科学统筹、有效控制实验条件数据，进而发挥载荷最大价值，放任何东西都要锱铢必较。比如，美国航空局将1千克有效载荷送入轨道的成本是5.4万美元，这笔钱足够买1千克黄金了。所以，"龙"飞船搭载一块奶酪的做法是很"马斯克的行为"！

2022 年 4 月，马斯克宣布有意收购推特后，在网上发布了一段视频说："人们有时会感到困惑，认为经济就是金钱。金钱是商品和服务交换的数据库。金钱本身没有力量。真实的经济是商品和服务。"

几个月后，他在重新翻出这段视频的推特下留言："是的。"这表明他坚定地坚持自己在视频中对金钱及其力量的评论。

很多网友表示不太理解，说："只有世界上最富有的人才会说金钱没有用，没有力量。""首富的境界太高了，不是我等凡人能够理解的。"

一位马斯克的粉丝评论道："这是一个我们难以把握的深刻的秘密！当你能够理解时……你就变成了埃隆·马斯克！"

发布星际飞船模拟图

要使商业星际太空旅行成为现实，一定要有可重复使用的火箭，火箭不仅需要具备在轨补充燃料的能力，还需要能够在火星上生产适合的推进剂（主要是甲烷）。马斯克认为，一旦太空探索技术公司能够在太空建立火箭推进剂的加注系统，星际飞船就能够在太阳系的任何地方飞行和降落。

或许很多人都觉得，马斯克提到的这种"星际飞船"是遥不可及的事情。

实际上，早在 2017 年初，马斯克就已经宣布了相关计划：太空探索技术公司要制造"超大型火箭"（BFR），也称作"星际飞船"或"星舰"。马斯克计划未来用它来完成载人绕月飞行、前往火星等太空探索，以便为实施火星移民计划做准备。

2019 年 1 月 6 日，马斯克在社交媒体上曝光了星际飞船的模拟图，并表示计划在 4 ~ 8 周内进行飞行器的首次下降测试。

测试版星际飞船的造型圆润复古，通体呈闪闪发光的银色，形似一枚光滑的子弹头，没有舷窗。最终版的载人星际飞船外形与测试版大致相同，只是将会有舷窗，长 120 米，宽 9 米，由 37 台猛禽发动机推动，一次最多可运送 100 人。

它具有宽敞的客舱和货舱，可容纳大量乘客和货物。客舱设计考虑了乘客的舒适度和安全性，配备了先进的生命保障系统。货舱则提供了足够的空间，以满足各类货物运输和科学实验的需求。这些设计使得星际飞船能够完成各种不同类型的任务，包括载人、卫星发射、太空实验等任务。

马斯克的星际飞船模拟图发布后，在媒体和网友间引发了争议。有媒体评价它是一个"不折不扣的艺术品"，也有网友觉得它"长相怪异"。

2021 年 5 月 5 日，星际飞船原型机 SN15 在得克萨斯州进行的试飞中成功着陆，试飞高度为 10 千米。在着陆后，星际飞船原型机底部有起火现象，火势在几分钟后被控制。此前，星际飞船原型机已经进行过 4 次试飞，但都以失败告终。

2023 年 2 月 9 日，美国太空探索技术公司完成了星际飞船重型运载火箭的首次全面静态点火测试，首次尝试同时点燃全部 33 台猛禽发动机。马斯克随后在推特上发文证实，这次测试中只有 31 台发动机成功点燃，但他表示，仅依靠这 31 台发动机飞船也能进入轨道。

2023 年 4 月 20 日，太空探索技术公司在得克萨斯州进行第二次"星际飞船"重型运载火箭的飞行测试。火箭发射升空，3 分钟后在墨西哥湾上空意外解体并爆炸，航天器未能成功进入预定轨道。

尽管在研发和测试的过程中事故频发，意外不断，计划一再被推迟，看起来进展十分缓慢、滞后，然而，这一项目并没有停止的迹象，而且不时有补充的新消息发出。

2023 年 9 月，美国宇航局宣布，计划将进入地球轨道的"星际飞船"改造成为近地轨道空间站，星舰空间站预计在 21 世纪 30 年代投入运营。

在 2023 年阿塞拜疆举行的第 74 届国际宇航大会上，马斯克发表了一项大胆的声明，他说："太空探索技术公司可能会在未来 3～4 年内将一艘无人飞船降落在火星上。最难的部分，或者说耗时最长的部分，是解决飞船安全再入轨道和着陆问题。"

马斯克解释说，他之前关于火星任务的预测并没有像预期的那样实现，但是，他和他的公司从来没有放弃努力。马斯克坚持着他的火星梦想，他相信用自己的财富来实现这个梦想非常值得，他曾说："显然这不是一条赚钱的道路，充满了风险，但是这一定会实现。太空是人类还未涉足的新边界，我们必须在这方面寻求突破。我很希望看到我们不断拓展边界，不断推动世界进步。"

在演讲中，马斯克还讲道："想要让人类移居其他星球，还有更多目标要达成。这不是看衰地球，事实上，我对地球的未来还挺乐观的，我认为有99%的概率，人类还可以安居很长一段时间。不过，就算地球只有1%的未来风险，也足以刺激我们提早准备，做好'星球备份'。"

虽然目前看起来这个计划非常激进和超前，还有包括生命支持系统、辐射防护、紧急救援与逃生等很多安全保障方面的技术需要突破，但是我们或许应该相信，马斯克什么事都可能干得出来。

星链计划的创新与挑战

早在2014年，马斯克就提出了一个低轨互联网星座计划，也就是"星链"。这一计划打算用4.2万颗卫星来取代地面上的传统通信设施，从而在全球范围内提供价格低廉、高速且稳定的宽带卫星互联网服务。

通常，马斯克的创新有一个固定的套路：找到一个因技术落后而失败的旧想法，然后用目前世界上最好的工程师来解决这一问题。他发现传统宽带技术难以为偏远地区提供高速网络服务，于是，决定探索卫星互联网行业。马斯克的初衷并非为所有人提供高速互联网，而是针对传统网络无法覆盖的人群。马斯克自己也曾明确表示，他们的目标客户与传统电信运营商不一样，不会对它们构成威胁。

利用卫星提供互联网服务的想法并不算很"创新"，自20世纪90年代初期开始，已有铱星、卫星互联网络、全球星和英国一网等公司涉足其中，但没有一家能坚持下去。

马斯克认为，星链与其他互联网产品相比，具备一些重要优势：一是成本低，太空探索技术公司已经有能力将卫星的发射成本大为降低；二是速度快，以前的卫星互联网尝试的上限速度为25Mbps，而太空探索技术公司的目标速度约为1Gbps；三是延迟短，数据包在地球和卫星之间传播，目前利用高轨道卫星会产生约600毫秒的延迟，而太空探索技术公司低轨道卫星的目标是20毫秒以下。

2018年，太空探索技术公司获得了美国联邦通信委员会的批准，可发射多达近1.2万颗宽带卫星。

几个月后，太空探索技术公司首次将二手火箭送入太空，并且将一颗卫星的发射成本降到了约6200万美元；而竞争对手的价格则高达1.65亿美元。马斯克认为，如果太空探索技术公司继续改进和重复利用火箭，可以将成本压缩到3000万美元以下。

截至 2021 年底，太空探索技术公司共发射了 35 批次累计 1942 颗卫星。

2022 年 5 月 22 日，太空探索技术公司的星链卫星互联网服务又取得了阶段性的测速结果，下载速度达到了 300Mbps。

截至 2023 年 10 月 1 日，太空探索技术公司累计发射 5200 颗星链卫星，在轨 4849 颗，空间操作 4797 颗，正式运营 4199 颗。星链全球订购用户超过 200 万，正式进入 62 个国家。

然而，随着这些卫星的增多，科学家们开始担忧它们可能带来的问题。美国航天局曾对在近地轨道部署过多卫星可能造成轨道"严重拥堵"表示担忧，认为这可能增加航天器碰撞风险，影响科研及载人航天任务。国际天文学界也担心数量如此庞大的卫星数量，可能影响天文观测。

总的来说，虽然马斯克的星链卫星网络带来了互联网速度的革命性提升，但其对环境和科学可能产生的负面影响也不容忽视。

不管怎么说，马斯克的星链计划为解决地球上互联网接入不足的问题提供了一种创新的解决方案。尽管仍面临挑战，但是星链计划的实施无疑将进一步推动数字化社会的发展，改变人们的生活方式。

火箭般飞涨的身份

2020年5月30日15时22分，太空探索技术公司载人"龙"飞船于肯尼迪航天中心发射成功！

"猎鹰9号"火箭运载的"龙"飞船，将美国航空局两名宇航员道格·赫尔利和鲍勃·本肯送往国际空间站，两名宇航员将在国际空间站停留1～4个月后返回地球。

对美国来说，此次名为Demo-2的发射任务意义非凡。它是人类历史上首次商业载人航天计划，也是自2011年美国航空局航天飞机退役以来，美国首次不依靠俄罗斯飞行器，在本土完成的载人航天任务。

对马斯克本人来说，这产生的积极影响更大！

2020年初，马斯克资产不到300亿美元。在接受采访时，他还在哭穷："很多人认为我有很多现金，其实并没有。我在特斯拉拿的是法律规定的最低工资，非常微薄。"

2020年5月，特斯拉位于美国加州和中国的工厂停工，马斯克表示，他计划出售自己的多处房产。随后他真的挂出了两套房子。据一家报纸追踪报道，马斯克出售了三套相邻的住宅，总共售价4090万美元。

进入2020年下半年，事情发生了反转。随着特斯拉销量大增和载人航天飞船的发射成功，马斯克的身家如同火箭般飞涨。7月，他超越股神巴菲特成为全球第七大富豪；8月，他超越LV集团董事长阿诺特成为第四大富豪；9月，他超越扎克伯格成为第三大富豪；11月，他超越比尔·盖茨成为第二大富豪。

一年内，马斯克的身家至少翻了6倍。按照彭博社的说法："这可能是历史上最快的财富创造。"按照福布斯的说法："马斯克的净资产出现了天文数字般速度增长。"

2021年1月7日，特斯拉股价大涨8%，总市值达到7735亿美元，创下历史纪录，比丰田、大众、现代、通用和福特汽车的总和还要高。马斯克的个人净资产升至1950亿美元，成为全球首富。

对于财富的用途，马斯克早在2018年就说得很清楚：

"我会用大约一半的钱来解决地球上的问题，另一半用在火星上，建立一个自给自足的城市，以确保地球生命的延续，避免人类像恐龙那样被小行星毁灭，或者发生第三次世界大战，人类自我毁灭。"

这段话被他置顶于最常用的社交平台上。这代表着他的信念：获取财富的主要目的是帮助人类成为跨星球物种，从地球文明跨越到太空文明。

第五章
电动汽车

PART 05

　　马斯克说："我认为把工程和产品结合起来实在是太棒了。这样一来，开发与生产会被紧密地联系在一起。从原型到大批量生产优质的最终产品之间跨度大得惊人，要成功完成这样的跨越非常难。"虽然历经坎坷，但是作为电动汽车领导者，特斯拉已成为目前全球电动车销量最高的厂商，正在努力通过电能和太阳能改变人们的出行方式。

投资特斯拉

要想了解马斯克是怎么把目光投向了电动车行业的，还要从电动车的历史谈起。

1902 年 6 月 22 日的《纽约时报》刊登过这样一篇文章：《汽车，城市消费的新热点》。那时汽车在美国刚刚流行，在商用汽车领域，电动车占据了绝对主导地位。当时，还并存着蒸汽动力汽车和燃油汽车。但电动汽车的上升势头并没有保持多久，就被亨利·福特的 T 型车颠覆。内燃机战胜电池并非难事，决胜因素是生产方式的革新带来的规模化效应以及更低的燃油使用成本。

20 世纪 90 年代，美国加利福尼亚州为了降低汽车尾气对环境和公众健康的危害，通过了《零排放法案》，其中规定加州 1998 年售出的新车中，零排放的汽车要达到 2%，2003 年达到 10%。

在这种情况下，1996 年通用公司推出了革命性的 EV1 电动汽车。从那时起，加利福尼亚就有了少数电动车的忠实拥护者。然而，由于电动车的行驶里程太短，驾驶范围受到限制，所以电动车一直没有引起主流市场的注意。EV1 没有进行销售，客户只能通过与通用公司签订租赁合同租用 EV1。

由于成本高、行驶里程短，EV1并没有打开市场。通用不愿继续投入维护费用。2000年，通用的投入累计超过了10亿美元，在加利福尼亚州和亚利桑那州总共出租了800辆EV1。通用宣布停止生产这款车，不久又宣布终止租赁服务，并且将回收所有的EV1。

然而通用的回收计划进行得并不顺利，一些EV1发烧用户试图抵制回收计划。他们非常喜欢这款电动车，它行驶噪声小，虽然行驶里程无法与传统汽车相比，但是它不需要加油，完全能满足城市代步需要。

尽管EV1热情的车主和车友会通过游行来抗议，最终通用汽车公司还是在亚利桑那的沙漠中自行销毁了大批库存的EV1电动车。

为了抨击这一现象，向观众介绍电动车的发展历程，导演克里斯·佩恩拍摄了一部名为《谁消灭了电动车》的纪录片。拍摄者走访调查了汽车制造商、立法者、工程师、消费者、洛杉矶和底特律的汽车爱好者，从动机到证据一一进行分析，最终得出结论：电动车的陨落原来是一场谋杀，因为它威胁到了石油巨头们的利益。

2003年，硅谷工程师、创业家马丁·艾伯哈德发现，混合动力汽车丰田普锐斯通常与保时捷一类的豪华跑车一起停在私家车库里。他意识到，消费者不是为了降低燃油开支才买混合动力汽车的。他们这样做是在表达自己对环境问题的态度。那么，为什么不让这些客户在表达自己的环保态度的同时，也能够享受跑车的顶级性能呢？

于是，2003年7月，艾伯哈德与长期合作的商业伙伴马克·塔彭宁一起成立了特斯拉汽车公司。这是数十年来美国汽车行业中成立的第一家新公司，也是硅谷的第一家汽车公司。

公司的名字是为了纪念伟大的物理学家尼古拉·特斯拉。因为尼古拉·特斯拉是电动机的鼻祖。用这个名字，会让人一下就想到"电动"，听起来实在很酷。特斯拉的车标是一个风格化的T字，并在上面加了一道弧线，T字既是特斯拉的首字母，也是电机转子的截面图，上方的弧线则是电机的定子。

艾伯哈德决定采用"无工厂模式"，利用一家现成的汽车工厂来完成电动车的组装。相较于传统汽车生产模式，"无工厂模式"的投入相当低。即便如此，特斯拉仍然缺乏足够的启动资金。

于是，经朋友牵线，很久以前就对电动车抱有相当浓厚兴趣的马斯克和艾伯哈德见了面。随后的2004年2月，马斯克决定向特斯拉投资630万美元，但条件是出任公司董事长，拥有所有事务的最终决定权。艾伯哈德作为创始人，担任特斯拉的首席执行官。

应该说，马斯克坚持当"一把手"算是汲取了此前创业的某些教训，这也为以后高层出现分歧的时候牢牢把握公司发展的方向奠定了良好的基础。

在随后公司的运作中，马斯克显示出惊人的眼光和能力，最终将和自己意见不一致的艾伯哈德和塔彭宁挤出了特斯拉……

定位高端电动跑车

特斯拉与通用和丰田都不同，专注开发的是顶级性能的电动车。特斯拉在建立之初，几位创始人就制定了非常清晰的分三步走战略：

第一阶段是制造出小批量的高价车，以证明电动车的可行性和特斯拉的技术，第一代跑车 Roadster 即是第一阶段的产物；在第二阶段，就是把消费者群体扩大，造出性价更好的车，并逐步实现盈利，Model S 和 Model X 就是第二阶段开发的；最后一阶段，特斯拉将生产 3 万美元以下的面向大众的电动车，最终的目标就是全面取代汽油车。

技术方案和公司的发展路线已经确定，资金也已到位，特斯拉很快就开始着手开发第一款车型 Roadster，定位是高端电动跑车。

特斯拉选择与英国莲花汽车合作，在莲花爱丽丝跑车的基础上进行开发。

2005 年的 1 月底，它们打造的新型原型车诞生了。上半年，核心部件开发结束；下半年，车身设计完成，真正意义上的

Roadster样车完成了。

不具备汽车设计专业背景的马斯克，凭着对汽车的热爱参与到整个设计环节中，他总是在最后关头换掉头灯，或者改变底盘。

为了向当红的摇滚乐专辑《音量11》致敬，特斯拉音乐系统的最大音量从10调整到11。这是带有马斯克个人特色的元素，与年轻人所追捧的时尚潮流相吻合。

马斯克承认借鉴了保时捷和迈凯伦的外形："你能从Roadster上见到它们两者的元素，如果你要说那是受它们的影响，那也没错。"

充电的接口设计在了普通车的油箱盖的位置，在接入电源充电时会闪闪发光，就像一台iPad。普通家庭电源给这款电动车充电需要花三个半小时，充满电之后可以行驶400千米，而充电的费用不过3美元，再环保不过了。

特斯拉的刹车是可再生的，每一次制动，都会将产生的电能回收给电池，越是拥堵的路段越省电。

在介绍Roadster时，马斯克非常自豪："没错，我们开发出了特斯拉Roadster，一款两座的超级跑车。事实上，它在加速方面能打败任何法拉利或者阿斯顿·马丁跑车；能效方面是普锐斯的两倍；它的电池、传动系统、电子系统、电机，体现的都是硅谷的技术，而不是底特律的技术。"

一家著名的汽车品牌评测网站让特斯拉Roadster和保时捷进行了终极对决，并将视频放到了网上。这个比保时捷起步还要快的试验，为特斯拉博得了好口碑。

2006 年 8 月，特斯拉 Roadster 高调发布。艾伯哈德作为特斯拉的创始人在媒体前侃侃而谈，出尽了风头。他承诺，新车将在 2007 年中交付。而作为董事长的马斯克被冷落了。这或许是后来特斯拉进行人事调整的原因之一。不久，特斯拉的高层之间产生了矛盾。

售价高达 10 万美元的 Roadster 在发布当天就收到上百份订单。施瓦辛格、莱昂纳多·迪卡普里奥、乔治·克鲁尼等名人都支付了 7 万美元订金，为自己预订了一辆新车。

面对这么好的消息，马斯克却怎么都兴奋不起来，因为一辆真车都还没造出来。

电动车的缺陷与关键技术

电动车的续航里程是此前阻碍电动车普及的主要原因，而续航里程直接受制于电池容量。

马斯克听从了艾伯哈德的建议：与其花上百万美元开发自己的动力系统，还不如使用市场上已经广泛应用的电池。于是，与其他电动车生产商不同，特斯拉没有自己开发电池，而是把目光瞄向了市场上现有的电池，凭借工程师丰富的经验和不断的测试，他们最终选择了 18650 锂离子电池，并且开发出了独家电池组装和管理系统。就这样，特斯拉一开始就有效地降低了电池成本。

电动车长久以来的两大缺陷是成本高和电池性能瓶颈。除了降低成本，特斯拉还必须把电池性能提高到一个新高度。而18650锂离子电池不仅技术成熟、便于采购，而且在保证低价的同时，还能为电池组提供高能量密度。马斯克觉得完全能满足特斯拉的需要。当然，该改进的地方就要改进，在这方面，他的要求一直是比较严苛的。

做好电池包以后，工人会在电池包嵌入车辆的尖头上装一些小塑料帽。有时塑料帽不够用了，就会耽搁电池包的运输。

马斯克问："为什么要放这些塑料帽？"

有员工回答："这是为了确保电池包的触点不会弯折。"

马斯克又问："谁规定的？"

大家七嘴八舌地问来问去，最终没人说得出来是谁。

马斯克说："那就删掉这项。"

员工照做了。事实证明，此后也从来没出现过触点弯折的问题。

在马斯克的亲自参与下，特斯拉在电池方面进行了很多创新和改造。然而，完全出乎马斯克意外的是，一个严重的问题出现了。

这个问题的发现十分偶然。2005年7月4日，特斯拉的工程师团队去艾伯哈德家中庆祝美国独立日，在大家玩得非常开心的时候，有人突发奇想：把20块电池绑在一起装上引信，会怎么样呢?

没想到引信点燃以后,电池像火箭一样飞了出去,然后炸裂开来。大家都被这个场面震惊了。他们没想到电池受热后会发生如此惊人的爆炸。要知道,原型车的电池组包括将近7000块电池,一旦受热爆炸,后果不堪设想。电池爆炸,成了特斯拉电动车的重大隐患。

本来,大家都认为电动车和燃油车相比具有两大优势:一是环保;二是远离易燃液体,比较安全。可是,特斯拉的电池在发热后会爆炸,这种破坏力比燃油车还猛烈。谁敢驾驶这个"炸药包"呢?

顿时,工程师的狂欢聚会变成了集体反思。他们终于从前期研发的一路顺风中清醒过来,开始着手解决电池散热和安全问题,并成立了专门团队解决电池爆炸问题。

经过多次试验,工程师们终于进一步了解了电池内部的工作原理,也找到了防止爆炸的办法。他们研发了独特的以液态冷却为特色的电池安全控制系统。液态冷却系统可以保证电池的温度正常,而封装在电池组内部的传感器随时监测着电池状态和温度。有效的冷却系统能够延长电池寿命,保证安全性,使电池发挥出最佳效能。这至今依然是特斯拉最具竞争力的关键技术。

2006 年 12 月,Roadster 获得《时代杂志》2006 年最佳发明奖(交通运输类),并登上封面。马斯克获得 2006 年全球绿色产品设计奖、2007 年丹麦双年奖。看来,成功在望,但是真正获得成功，远没有看起来容易……

研发遭遇瓶颈

尽管特斯拉公司的员工人数由 2004 年的 20 人增加到 2006 年的 150 人，但 Roadster 的研发却遭遇了困难。更要命的是，这只是困难的开始。

马斯克最初计划在两年内推出产品，开发费用控制在 3000 万美元以内。然而，事实上，这款车从设计到最终上市用了长达四年半的时间，开发费用高达 1.4 亿美元。

一开始，他们的想法非常简单，也很乐观。特斯拉供应传动系统的部件，由莲花负责建造整体汽车。但为了打造更好的产品，团队开始不断对原计划进行修订。特斯拉原计划只负责 5 个组件，但最终却要负责数百个，包括重新设计汽车底盘。

此外，还有许多设计需要从头再来。这极大地增加了产品的成本。最开始，特斯拉预计每辆 Roadster 的成本为 6.5 万美元，实际上仅原材料的成本就高达 14 万美元，远远高出预期。

2007 年，作为关键组件的变速箱迟迟不能开发出来，特斯拉陷入了资金危机。Roadster 不仅无法通过交管局的测试认证，零部件生产也受到影响，产品的下线遥遥无期。

　　马斯克和艾伯哈德之间的分歧越来越明显。马斯克意识到，此时特斯拉的创始人艾伯哈德有点儿江郎才尽了，他作为一名工程师，把特斯拉带到这个位置，已经很不容易了。他在商业模式方面的知识非常有限，对生产、销售、交付这些事情，能力和经验都明显欠缺。

　　艾伯哈德的意见是将电池组装在一辆改装后的艾丽丝汽车底盘上，其余部分保持不变，以便尽快让新车面世。而马斯克坚持，绝对不能毫无特色地进行改装，必须全面改进，特斯拉的第一款车必须精益求精，给客户留下深刻印象。

　　艾伯哈德建议车身使用玻璃纤维材质，既能减轻车身重量，又能降低成本；马斯克则坚持使用更轻、更有质感、价格更贵的碳纤维材料。马斯克一直强调 Roadster 必须拥有完美的车身造型和豪华的质感："一辆售价 10 万美元的汽车，不能看起来像垃圾。"

　　事实证明，马斯克的理念是正确也是富有远见的。在开拓市场的初期，特斯拉正是依靠生产足够"炫"的超级豪华电动车，吸引了那些成功且有环保意识的高收入人士。在美国，那些硅谷的青年才俊和好莱坞的明星正是目标客户。

　　在马斯克的眼中，艾伯哈德等人过分"重研发轻生产，重性能轻成本控制"，是造成研发困境、交货迟缓的重要原因。他最不能容忍的是，特斯拉竟然没有向零部件供应商提供 Roadster 的全部规格和技术要求。这也造成了生产进度的滞后。

汲取此前的创业经验和教训，马斯克意识到自己必须掌握控制权。他决定采取人事调整措施。

因提价马斯克被群殴

2008 年 1 月，在马斯克的力推下，马丁·艾伯哈德被董事会解除了首席执行官的职务。不久之后，艾伯哈德离开了他亲自创办的这家公司，由因为创办计算机硬件生产公司而出名的泽夫·德罗里接任特斯拉首席执行官。

新首席执行官上台之后，特斯拉高层经历了一段动荡期。最坏的时候，特斯拉在 6 个月内换掉了 11 个副总裁、3 个首席执行官。

德罗里大刀阔斧地实施了一系列改革，裁员 10%，其中包括不少从公司创办伊始就为特斯拉工作的老员工。尽管如此，公司的发展也没有任何起色。有些技术人员感觉干得并不开心，纷纷选择离开，其中包括很多精英。

2009 年 6 月，艾伯哈德对特斯拉和马斯克个人提起诉讼并寻求赔偿。他声称马斯克将特斯拉的延误与财务问题归咎于他是不公平的，损害了他的名誉。不过一个月后，这项诉讼就得到解决，双方都低调处理，没有透露和解的任何细节。

此后，马斯克和艾伯哈德两个人不再针锋相对，而是肯定对方对特斯拉的贡献。艾伯哈德说："作为公司的联合创始人，埃隆对特斯拉的贡献非同寻常。"马斯克则强调："如果没有马丁不可或缺的努力，那么就不会有今天的特斯拉公司。"

每个人都知道新首席执行官德罗里只是过渡，因为他根本不懂任何电动汽车方面的知识。2008 年 10 月，马斯克取代了德罗里成为特斯拉首席执行官。

为了解决变速箱问题，特斯拉大幅提升了成本，将原本的晶闸管替换成更加先进的绝缘栅双极晶体管，以控制功率。

2008 年 10 月，特斯拉 Roadster 下线并开始交付，但原计划售价 10 万美元的特斯拉 Roadster 实际成本高达 12 万美元，与原来估算的 7 万成本相差甚远。因此，马斯克不得不将售价提升至 11 万美元，但这一举动引来了许多预订客户的不满。已经预付订金但尚未拿到 Roadster 的粉丝简直气炸了：你这是玩大家吧？

于是，特斯拉创业史上最悲壮的一幕发生了，还没拿到车的人联合起来维权。尽管马斯克在现场拼命解释，但这些预订者根本听不进去。最后，马斯克被客户群殴，住进了医院……

即便实际售价比计划提升了 1 万美元，特斯拉还是面临着赔钱卖车的窘境。再次核算完成本后，马斯克发现，Roadster 需要再涨价 6000 美元才能追平生产成本，他亲自去平息预订车主的怒火，但依然有些车主选择了退订。

看起来马斯克的日子有些不好过……

特斯拉面临的资金问题

2008年是特殊的一年，也是马斯克最难忘的一年。马斯克正经营着两家站在科技发展前沿的公司——太空探索技术公司和特斯拉，前者要颠覆传统航空航天行业，后者要颠覆传统汽车行业。

然而，就在这时，美国次贷泡沫破裂，金融海啸席卷全球，经济急剧衰退，融资变得十分困难，而马斯克急需资金。看起来，似乎他只能选择太空探索技术公司或特斯拉中的一个，或者将资金分成两半。这是一个艰难的决定。如果把资金分开，可能两家公司都没法活下去。如果把资金全都给其中一家公司，它生存的概率会更高，但这也意味着另一家公司肯定要倒闭。马斯克为此翻来覆去思考了很久。

公司的财务状况恶化，特斯拉处于破产边缘。

一个叫作汽车真相的网站，竟然开设了一个特斯拉死亡倒计时的栏目，用来黑马斯克和特斯拉，它们不看好这个项目，调侃特斯拉是21世纪最失败的科技公司。

正当马斯克为特斯拉的事感到焦头烂额时，另一个惨痛的打击不期而至。2008年8月，"猎鹰1号"火箭第三次发射又遭遇了失败，没有进入预定轨道。马斯克已经为火箭投入了1

亿美元，却没有任何结果。

为拯救自己的公司，马斯克卖掉了迈凯伦跑车和私人飞机，投入了所有的精力和时间。这时候，偏偏"后院起火"，他的婚姻又出现了问题……事后他回忆说："2008年是我生命里最灰暗的一年。有一瞬间，我觉得我失去了所有东西，婚姻、公司都完蛋了。"

马斯克把自己仅剩的资本投入到一直以来自己所相信的事业里，到了连房租和生活开销都要向朋友借钱的地步。

在那段日子里，有时半夜醒来，马斯克发现枕头上满是泪水。特斯拉只剩下能够勉强维持一周的资金。他意识到："留给我们解决问题的时间也不多了……"

当然，这个黑暗的阶段不过是特斯拉发展史中的一个插曲而已，并没有终结马斯克的电动车之梦。他不顾一切的拼劲、蛮劲和韧劲，在突如其来的失败中真实地呈现出来，让人们看到了马斯克与梦想死磕到底的勇气，这一点恰恰是很多人缺少的。

马斯克没有放弃，他出售名下几乎所有资产，筹集了近2000万美元，要求特斯拉其他投资人也拿出同样多的钱。投资人答应了，然而创投基金优点资本阳奉阴违，阻挠此事。

为了解决困难，马斯克到处向人请教。他了解到优势资本无法干预债务融资。于是，马斯克决定冒一个巨大的风险，将这轮融资从权益融资变成债务融资。公司董事会批准了4000万美元的可转换债务融资。

这轮融资最终完成于12月24日圣诞前夕，再迟几个小时，特斯拉可能就得宣布破产了。当时马斯克只剩下几十万美元，而第二天必须支付员工工资。

虽然解了燃眉之急，但是为了让公司能够维持下去，马斯克还需要尽最大努力继续到处找钱。得知德国戴姆勒汽车集团为加快发展电动车正在四处寻找合作伙伴的消息，马斯克立刻飞往德国。在马斯克的一再邀请之下，戴姆勒最终派代表参观了特斯拉工厂。

随后，特斯拉用了8周时间，将一辆戴姆勒奔驰的Smart改装成电动车，改装的内容包括底盘、电池、电机和电控系统。就这样，马斯克用先进的技术打动了戴姆勒。这家公司最终投资7000万美元收购特斯拉10%的股份。两家公司也进入战略合作阶段，同意共同开发电池和电驱动系统。这不仅部分解决了特斯拉的资金问题，还给了马斯克生产更具有价格竞争力的第二代电动车的信心。

马斯克好像时来运转了。戴尔斥资1.2亿美元收购远程服务管理软件公司，而马斯克正是这家软件公司的大股东，这笔钱在2009年初到账。

为走出金融危机，美国政府推出一系列扶持新能源业的刺激政策。2009年，美国总统奥巴马和美国能源部长朱棣文参观特斯拉。随后，美国能源部给予了特斯拉4.65亿低息贷款。

特斯拉还和丰田达成了电机、电池组的供应合作，算是解决了特斯拉的资金问题。

刚刚得到喘息机会的马斯克，马上采取了更大胆的行动。2009 年 8 月，特斯拉宣布其总部将从加利福尼亚的圣卡洛斯搬到帕罗奥图，工厂规模更大，并将自主生产电传动系统。

一辆华丽的高尔夫电瓶车

经过多方努力，特斯拉差不多筹到了总共 10 亿美元的"救命钱"。在一般人看来，这 10 亿美元就是马斯克的赌注，他应该用这笔钱好好生产他之前一直推崇的 Roadster 车型。然而，马斯克似乎总是不按常规出牌。他聘请世界汽车行业知名的设计师弗朗茨·霍兹豪森设计了一款四门的 Model S。

加入特斯拉之前，霍兹豪森担任马自达北美设计中心的设计总监。在马自达期间，霍兹豪森提出了"流动"设计语言理念。在马自达从事设计工作之前，霍兹豪森还曾是通用汽车公司的设计总监。因此，当时有媒体报道：特斯拉拐跑了马自达的首席设计师！

和马斯克一样，霍兹豪森具有良好的艺术品位和追求新事物的冒险精神，对工业产品的设计有着既颠覆又务实的审美追求。丰富的工作经历使得他充分汲取了传统巨头们的成熟经验，他带着自己独有的热情，将这些特质融入到了特斯拉车型的设计之中。

霍兹豪森接到的任务是设计一款造型优雅的四门七座中级豪华轿车，功能超强，造型又要非常有吸引力。虽然难度很大，但是，这个"汽车设计界的传奇人物"果然名不虚传，他带领团队夜以继日，3个月就交出了设计图，而且最后实现量产的 Model S 造型基本采用了霍兹豪森的设计。马斯克做的修改就是，让这辆车能够再多坐两个小孩，以及在中控位置放一个大号的触摸屏。但以当时的技术做这个还挺费劲儿，他们换了很多的供应商。

Model S 的量产过程也是挺坎坷的，但从设计到研发和量产，马斯克和霍兹豪森都坚持自己的设计，不妥协，这为把 Model S 打造成一款独一无二的超级电动跑车奠定了坚实的基础。

比如自动弹开门把手，被霍兹豪森认为是这款产品设计生产中最困难的地方。他一开始的设计图上门把手就是弹出式的。但是项目组的第一款模型车做了个旋转式把手，霍兹豪森表示抗议，马斯克也要求必须跟原本的设计一样。

弹出式的汽车门把手，会在驾驶员靠近时自动伸出来，而在驾驶的时候会缩在车身里，以最大限度降低风阻。从工程学的角度来说，这是一个巨大的挑战。工程师们要利用极其宝贵的车门面板空间去实现这一机械结构，然后在不同的环境下做成千上万次的测试——

门把手是否在结冰时也能弹出？是否足够敏感，能够监测到小孩子的手指无意间夹在里面，然后立即停止动作？……

　　马斯克无数次地面对工程师们的抱怨和阻力，与他们进行沟通。通常来自员工的反馈不是"噢，这是一个有意思的挑战"，而是"这是有史以来最愚蠢的设计"。

　　无论如何，最后团队把这件事做成了，并且这个门把手成为 Model S 这款车上最受好评的设计之一。

　　因为 Model S 是特斯拉自主设计的，只能自己制造。这对马斯克来说是非常棘手的问题。但幸运的是，他说服了丰田，获得了丰田和通用在硅谷的一家车厂，就是靠着这家差点儿被卖给博物馆的车厂，马斯克用两年的时间造出了 Model S。

　　2009 年 3 月，特斯拉公布了 Model S 原型，宣布这款车开始接受预订，计划 2012 年底交付。

　　马斯克揭下覆盖在原型车上的绸布的瞬间，人群中响起了一阵手机和相机拍照的声音。马斯克自豪地向在场的客人们介绍："这辆车能向全世界展示电动车的可能性。它能同时装下一块冲浪板、一台五十英寸的电视机和一架山地自行车。请大家仔细看看车身流畅的线条，只有抹刀才能造出这么平滑的效果。"

　　人们发出了一阵惊叹……

　　媒体对特斯拉公布 Model S 原型和开始接受预订的消息进行了大范围报道。

　　资深的汽车记者丹·尼尔不相信当时连工厂都没有的特斯拉能如期向客户交付 Model S 电动车，他在媒体上发表文章提出了公开质疑，评论 Model S 是"一辆华丽的高尔夫电瓶车"。

马斯克读了尼尔的文章很不高兴。于是，马斯克和尼尔打了一个赌，两人的赌注分别是100万美元和1000美元。赌约的具体内容是：

特斯拉在2012年底之前完成Model S交付；这款车是7座，通过美国国家公路交管局检测，并达到四星以上标准；在高速路服务区提供更换电池服务；销售价格和现在发布的一致。

只要特斯拉没能实现以上任何一项目标，就算尼尔赢，马斯克需要向无国界医生组织MSF捐款100万美元。如果特斯拉做到了以上全部内容，尼尔需要向MSF捐款1000美元。

2012年6月，特斯拉的Model S面世并向客户交付。为此，特斯拉搞了一场华丽的发布会。虽然在现场只交付了12辆Model S，但是毕竟算是提前成功出货了！

尼尔改变了对特斯拉的看法，他在自己的博客中写道："埃隆和他的特斯拉与其他汽车制造公司不同。Model S是一辆全电力驱动的、能乘载7人的豪华家用轿车，电池组拥有高能量密度，而且电池更换非常便捷。一家当时连组装车间都没有的公司，竟然能在三年里交出这样一辆车，这非常令人惊叹。埃隆跟我打赌的时候考虑到我并不富有，定出了一个我能承受的数目——1000美元，他非常贴心。我当时想，这是一个向公益机构捐款100万美元的好机会，于是我答应跟他打这个赌。看到Model S成功下线，这辆车就跟埃隆承诺的一模一样，我信守承诺，愿意捐献1000美元。我输了，可是我输得很高兴。我要向埃隆和特斯拉表示祝贺。"

2013 年，Model S 击败保时捷、凯迪拉克、雷克萨斯等强劲对手，获得美国最权威的《汽车趋势》杂志颁发的"年度汽车"大奖。这是 1949 年设立"年度汽车"奖项以来，电动车首次获此殊荣。马斯克非常重视这一奖项，他把奖杯放在了加州特斯拉工厂自己办公室的办公桌上。

《汽车趋势》杂志称赞道："Model S 让我们看到美国仍然具有伟大的创造力。它拥有赛车的驾驭感，驾驶体验堪比劳斯莱斯，节能性媲美丰田普锐斯。"《消费者调查》杂志给 Model S 打出了极高的评分，称其为"历史上最棒的车"。

此时，特斯拉已经不是"电动汽车"，它就是"汽车"。特斯拉被誉为美国三大汽车公司之后，"又一个伟大的汽车公司"。

装在轮子上的计算机

特斯拉的成功，在于用互联网方式颠覆了传统汽车的通行模式。它具有许多划时代的特质：酷、高科技、开放性等。

大家的注意力都放在电动汽车的"电动"二字上，但特斯拉还有一个巨大的优势，那就是软件。马斯克从来没有将自己的产品定义为传统意义上的汽车，而是一个电子产品。过去，电子器件只占汽车材料成本的5％左右。但特斯拉电动汽车80％～90％的技术创新来自电子器件。高科技为特斯拉筑起了坚固的护城河，让传统汽车望尘莫及。

在奔驰、宝马等豪华车将触摸屏逐渐引入汽车内部的时候，特斯拉完全放弃了按键，用一块大的触屏解决所有问题，不仅是听音乐或使用谷歌地图进行导航，甚至连空调、天窗等都可以用触控的方式打开和调节。

马斯克从苹果挖来Mac硬件副总裁道格·菲尔德，负责特斯拉的设计，还挖来苹果制造部门主管瑞驰·赫雷，以及为数众多的苹果设计师、工程师和运营人员。这些人为特斯拉带来了苹果的极简风格，Model S的中控屏便是最好的体现。

基于硬件与软件的有机结合，马斯克逐步将汽车从"功能机"向"智能机"方向推进。他得意地说："我们的车型，可以去刷软件，等于你现在的手机一样，刷一下就有新功能了，拥有无限扩展的功能。"要知道，当时大屏技术尚未兴起，iPad面世还是几年后的事情。

Model S将汽车操作系统作为研发创新关键点，而这也成了新一代汽车体验的核心，无论是动力系统还是警报装置，都可以通过软件系统进行升级更新。

这款车还拥有强大的计算功能，人们可以远程控制车内温度，可以随时连接Wi-Fi升级车内的固件。在很多人眼里，这就是一个装在轮子上的计算机。

《汽车趋势》杂志的文章这样描述它：

　　"Model S 带来的感受是全新的。尽管它的外表看起来可能很普通，但是只要走近它，触碰到车门，第一次坐进车里，先前那种平淡无奇的印象便会烟消云散。你坐进驾驶室后可能会花上几分钟时间寻找启动按钮——你找不到的。因为你一坐进驾驶室，Model S 就自动发动了，等待着加速。车内空间宽敞，真皮和实木的装饰显得非常有质感，非常现代。因为电池和后轮驱动电机都安设在底盘上，所以车内空间绰绰有余。操作台上 17 英寸的触摸屏非常惊艳，通过它能够实现对整辆车的一切控制，同时还能实现导航、娱乐、上网等功能，软件系统随时可以通过云端更新。听起来难以想象，实际上它表现得非常好。""几乎每一辆新车都声称自己是革命性的，而 Model S 确实配得上这样的形容。"

　　数字技术激发了马斯克产生进行革命性设计的理念。跨行业技术运用也为新物种开发提供了技术支持。马斯克同时创办了太空探索技术公司、脑机接口公司等多家科技公司，他的很多实践和创新，自然很容易体现在特斯拉汽车传动及控制技术上。

　　在他的推动下，汽车不再是"四个轮子加上几个沙发的烧油铁壳子"，而是演变为集自动驾驶、自动维护、数据传感及资讯获取等功能于一体，能够带来极致驾驶体验和智能享受的强大信息平台。

　　Model S 一问世，就受到了硅谷的一批技术爱好者的追捧，并成为硅谷最畅销的车型。

马斯克对他的电动车非常自信。2013年8月，专门赶到硅谷去采访他的《中国企业家》记者转述了比亚迪总裁王传福的名言："家庭消费一旦启动，比亚迪分分钟能造出特斯拉。"

马斯克表现出一副疑惑的模样，说："他说他分分钟可以造出特斯拉？好吧，我不认为比亚迪是我们的竞争对手。这并不是因为比亚迪是一家中国公司，而是所有的电动车，不管是日产，还是通用、福特，都和特斯拉不一样。不是一个级别的，相互之间没有可比性。你开过Model S吗？你一旦开了就会明白我的意思了。"

教科书一般的危机公关

2013年2月，奥巴马政府承认新能源汽车规划失败，不能实现2015年生产100万辆电动汽车的目标，美国电动汽车制造商也因此纷纷倒闭或陷入发展困境。

在电动汽车行业出现危机之时，特斯拉却以销售业绩和股价双重优势成功"逆袭"美国电动汽车市场。2013年，特斯拉成为北美豪华车的销量冠军，全年销售总量超过2.2万辆。之所以能取得这样的成绩，和马斯克的个人魅力及高超的公关技巧是分不开的。

2013年10月2日，一辆特斯拉Model S型豪华轿车在美国西雅图南部的公路上发生车祸起火。从监控视频可以看出汽车前部着火，两侧轮胎火势较大，最前部中间出现几次小型的火球，驾驶舱和汽车后部基本完好。

尽管特斯拉 Model S 型电动车曾在安全碰撞测试中获得美国公路交通安全管理局的最高评分，但视频的广泛传播，也引发了不少民众对电动车安全性的担心。

在汽车起火事件发生的当天，特斯拉全球公关部就发布紧急声明，承认着火的车辆是一辆特斯拉 Model S，但他们解释这辆车是在发生重大撞击之后才起火，并不是自燃。

随后，马斯克经过仔细考虑，亲自写了一篇文章，发布在网上，细致分析了事故的起因：

"本周初，一辆在高速公路上行驶的 Model S 撞上一大块金属物，导致车辆严重受损。现场人员认为，在事故现场附近发现的一块从拖车上脱落的曲形部件，是导致事故的根本原因。部件的几何形状使其在碰到车辆下方时，产生了剧烈的杠杆作用，以 25 吨的力向上刺穿了车身。正是因为这样大的力，才能将保护车辆底部的 1/4 英寸厚的护板刺穿，并导致了一个直径 3 英寸的大洞。Model S 的 16 个电池块中的十个，由于碰撞而着火。"

接着，马斯克特别强调了特斯拉车辆的安全性能："大火仅仅被局限在车头的部位，所有迹象都显示火焰没有进入驾驶舱。"

他还乘机科普了一番特斯拉电池防火系统的设计对汽车

安全性能的保障："因为电池包内部防火系统的设计，火势被控制在车辆前部的很小范围内。电池包内设置的通风口将火苗导向路面，而不是车辆。火势根本没有进入驾驶舱。同时，特斯拉的警报系统显示车辆故障，及时提示驾驶员靠边停车并安全撤离，避免了人员伤亡。"

为了突出特斯拉的优势，马斯克还将普通汽车在这类事故中的表现和特斯拉进行了一番比较："如果是一辆传统燃油车在高速公路上碰到同样的物体，结果可能会糟糕得多。典型的汽车底部只有很薄的金属板保护，因而其油管和油箱很容易被破坏，并导致燃油泄漏堆积，将车辆彻底烧毁。"

马斯克知道，数据是最有说服力的："据统计，全国每年有15万起汽车着火事件，而美国人每年要开3万亿英里。也就说，每开2000万英里就有一辆车起火。而特斯拉累计行程1亿英里，才有一起起火事件。这意味着，驾驶传统汽油车遭遇起火的概率要比开特斯拉高5倍。"

在危机事件中，除了自说自话，当事人的意见和态度是非常关键的，对事件的走向有至关重要的作用。马斯克清楚地知道这一点。事故发生后，马斯克让销售人员及时联系了车主。他在推特中，专门附上了特斯拉公司负责销售和服务副总经理杰洛姆·谷利安和涉事车主罗伯·卡森的往来邮件。

卡森对特斯拉的 Model S 在事故中的表现很满意。他说："车辆在这样极端的情况下表现很好。互联网上的视频夸大了电池的燃烧程度。我仍将是特斯拉的粉丝，并且很快还会再购买一辆。"他还声称自己也是一名投资者，会因此继续支持电动汽车的发展。

马斯克有理有据的及时回应，使特斯拉在处理起火危机中的表现广受称赞，甚至有人将之称为"教科书一般的危机公关案例"。

有网友跟帖说："马斯克能够实现火箭的精准发射和回收，他生产的电动汽车给予了我足够的心理安全感。"

2013 年 11 月 21 日，美国著名财经杂志《财富》揭晓了"2013 年度商业人物"，马斯克荣登榜首。

免费公开公司所有专利

千万别小看专利公开，专利费用可不是一笔小数目。举个例子，高通公司拥有手机芯片的专利，专利授权费的收入就高达几十亿美元，占公司总收入的 20%，利润率占比更是高达 60% 以上。

根据特斯拉官方网站公布的信息，这家公司的专利价格一般在 10 万美元以上。然而，特斯拉汽车公司有一个与众不同的著名特点：实行"开放专利"政策。并且，这是马斯克亲自宣布的。

2014 年 6 月 12 日，马斯克在自己的社交平台上发布了一篇文章：《我们所有的专利都属于您》，宣称："特斯拉将毫无保留地开放所有专利，以应对环境变化。特斯拉将不会针对善意使用其技术的人提起专利诉讼。"

有人说，马斯克此举是在向偶像尼古拉·特斯拉致敬。尼古拉·特斯拉一生中取得了700多项发明专利，本可以靠着这些专利成为超级富翁，但他却选择免费向社会公开。

当然，马斯克或许有更深层次的考虑。他深知，如果自己能推出一个统一的平台，那么整个汽车行业都将从中获益。马斯克强调："特斯拉的主要目标是：让更多的电动汽车上路，使它们看起来像是交通工具，而不是一种新奇事物。"

马斯克指出，全世界每年生产新车约1亿辆，汽车保有量接近20亿辆，特斯拉2013年的销量是2.25万辆，2014年计划交付3.5万辆。特斯拉无法生产足够的电动汽车来解决汽车排放二氧化碳所引起的危机。特斯拉真正的竞争对手不是如涓涓细流般存在的其他品牌电动汽车，而是每天如滔滔洪水般出厂的燃烧汽油的汽车。专利技术常常被用来阻碍进步、巩固大公司地位。特斯拉自认为开放专利只会增强而不会削弱自己的地位。

他还说："我真心鼓励其他厂商进入电动车市场，这是一件好事，市场需要它们的进入，电动车要不断提高性能并更新换代，帮助人类在未来实现可持续性交通出行。我希望这一天更早些到来。"

也有业内人士指出，特斯拉汽车公司未必将所有技术都通过专利的形式予以保护。许多技术，尤其是生产工艺可能是通过"商业秘密"的方式仅为特斯拉汽车公司所有。从技术实现的角度来讲，特斯拉也不会把"核心技术秘诀"贡献出来，对于直接关系其炫酷外形、质量等的设计专利、生产工艺流程也很可能保密。因此，开放专利的宣言更多只是一种表态，实际意义并不是很大。

当然，这只是一家之言，是否公正客观，不同的人可以有不同的评判。

从目前来看，特斯拉免费开放的专利技术包括电动车的电池、电机、电控技术等。让竞争对手使用自己的核心技术，马斯克并不担心特斯拉的地位会受到威胁。随着不断提高汽车的服务质量、设计风格和可靠性，特斯拉只会把对手甩得越来越远。正是有这份自信，特斯拉拿出来共享的东西才越来越多，甚至扩展到了共享充电站服务。

马斯克并不想成为乔布斯

2014 年，在英国伦敦的一家特斯拉门店接受采访时，当记者问马斯克是否介意别人批评他的公司时，他把公司受批评比作亲生的孩子受到不公平的诬蔑。他说："当然了，有一些批评是中肯的，但我很难接受别人对我所在乎的东西提出不实批评。”

至于对他个人的批评，马斯克的容忍度就更低了。熟悉他的朋友说：“对于那些反对他的人，他会不遗余力地反击，毫不掩饰自己的真实想法。”

马斯克曾在一次采访中说公共交通糟糕透顶。公共交通倡导者贾勒特·沃尔克对此提出异议，沃尔克在推特上发文称：“马斯克显然瞧不起公共交通，因为总是自己开车，可以享受只有富人才负担得起的病态奢侈。”

马斯克很快在推特上进行反击，说：“沃尔克是个白痴。”

沃尔克强烈要求他道歉，马斯克说自己愿意道歉，并“改变说法”，他再次发文，并“纠正”说：“我想表达的意思其实是：沃尔克是个道貌岸然的白痴。”

2016年，一个名叫斯图尔特·阿索普的风险投资人写了一篇文章，吐槽 Model X 发布会。他在文章中写道：

“2015年9月，我以用户的身份被邀请参加了 Model X 的发布会。但是，发布会‘延迟了两个小时’才开始。我和3000人挤在现场傻等，也没吃到什么像样的食物。一直等到9点，都没看到实物车。于是，我就怒气冲冲地离开了……

“埃隆·马斯克，你应该对此感到羞愧！”

看了阿索普的文章，马斯克很生气。他亲自取消了阿索普已经交了5000美金订金的 Model X 订单——那是一辆拥有黑色真皮座椅、搭载了狂暴模式的红色 P90D Model X，售价13万美元。

阿索普简直要气疯了。他又写了一则推特来说这件事："我写过很多文章批评别的产品、公司和人，可是从来没有被禁止过和这些公司有商业来往！"

在他看来，他不过是指出了特斯拉发布会上的不足而已。随后，阿索普接到了马斯克的电话。在电话里，马斯克说："你的那篇文章，就是对我个人的攻击。一想到你将拥有一辆特斯拉，我觉得特别不舒服。所以，我就亲自取消了你的那份订单。"

阿索普回应说："我此前也写过文章抱怨自己正在开着的这辆宝马 X1 让我觉得自己很蠢，但是宝马也没有把车要回去呀！"

马斯克则坚持说："你只能开着那辆宝马继续'觉得自己很蠢'下去了，你配不上我的 Model X！"

这像是两个任性的土豪之间的斗嘴，还是更像两个霸道又有点儿幼稚的孩子在斗气。

很多网友围观了两个人互怼，都看得"很过瘾"。

连著名投资机构 A16Z 的合伙人马克·安德森，都在推特上毫不掩饰地调侃说："这是我看过的最搞笑的事。"

有网友说，这样一来，以后可没有人敢公开吐槽特斯拉了，这种做法很"乔布斯"。对于那些给他写邮件抱怨苹果产品的人，乔布斯会直接回复"你疯了吗"或者"别来烦我们。"

甚至在 iPhone4 的天线门事件（由于设计存在缺陷，在用户用手紧握手机的时候，移动网络的信号就会在数分钟内完全衰减到无法通话的水平）中，乔布斯仍强硬地回复："请你换个方式握手机。"

不过，乔布斯并没有禁止那些人买 iPhone。当然，这并不意味着马斯克也必须那样去做，因为马斯克就要标新立异，他并不想成为乔布斯，虽然很多人都称他是"下一个乔布斯"。

如果有人让他学乔布斯的样子，马斯克就会很不高兴。在拍照时，有人建议他穿一件黑色高领毛衣，那是乔布斯的标志性装束。

马斯克会生气地说："如果我快死了，我会穿高领毛衣。但只要我有最后一口气，我就会把高领毛衣脱下来，试着把它扔到离我最远的地方。"

两次错误也未能影响马斯克前行

传统汽车公司虽然不能抵挡特斯拉的飞速发展，但它们还是有机会刁难特斯拉。比如，汽车大鳄福特就曾经很不给特斯拉面子，尽管马斯克本人很崇拜福特。

马斯克给 Model S 取名字的时候，就表现出了对福特的敬意。务实的马斯克，喜欢简单直白的名字，比如 Roadster 在英文中的本意就是"敞篷双座小汽车"，马斯克觉得它发音也不错，就直接拿来做名字了。

对于四门轿车 Sedan，马斯克觉得它的发音和特斯拉连在一起不好听，最后决定学习福特的 Model T，定为了 Model S。马斯克希望这款车能够像当年的 Model T 一样，起到划时代的作用。事实证明，Model S 没有辜负马斯克的期望。

当看到特斯拉蹭自己的名字风生水起之后，福特就有些忌妒和生气了，决定给马斯克点儿颜色。于是，福特汽车的执行总裁阿兰·穆拉里悄悄注册了 Model E。因为马斯克曾经高调宣布要把第三代电动车命名为 Model E，第四代命名为 Model X，这样就可以组成一个"Model SEX"。

有些郁闷的马斯克特意给阿兰·穆拉里打电话，希望对方能够把 Model E 商标借给特斯拉。穆拉里断然拒绝。

马斯克有点儿生气地质问："你们是真心要生产 Model E 系列，还是单纯想和特斯拉对着干？"

穆拉里没有回答问题，只是强调："这个不用你来操心，反正我们有用。"

没有办法，马斯克急中生智，就注册了 Model 3。数字 3 在设计的时候可以做到和字母 E 很像。而且 Model 3 在中国生产，换成中文"三"，就和字母 E 更像了。

毫无疑问，在这次"斗智斗勇"中，马斯克占了上风。

然而，在生产 Model 3 的过程中，马斯克却犯了一个错误。他过早开启了自动化生产，以为这样能够大大提升生产效率。但实际上不仅产能没有提升，品质却下降了，成本倒是翻了两倍。

2017 年底时的生产速度，只有马斯克所期望的一半。到 2017 年四季度，下线的 Model 3 还不到 2500 辆。2018 年一季度过完，特斯拉的季度产能只有 1542 辆，净亏损却达到创纪录的 7.85 亿美元。权威媒体和金融专业人士普遍认为：特斯拉会在 3 ~ 6 个月内破产。

2018 年愚人节，马斯克发了一条搞笑推文："特斯拉破产了。"他还配上了自己盖着纸壳露宿街头的照片。特斯拉股价当天大跌 7%。可见人们当时真的怀疑特斯拉随时可能撑不下去。

马斯克知道，特斯拉 Model 3 的产能出现了严重的问题。这款面向大众市场的车型，被特斯拉寄予厚望，也是全公司扭亏为盈的关键。它于 2016 年 3 月底开始预售，预售当天就破天荒拿到了 18 万份订单，是特斯拉系列最畅销的车型。只要能够顺利交付，马斯克便可以一举解决困扰公司已久的财务问题。

马斯克要求员工两周内完成临时帐篷的搭建，以便容纳新的总装生产线。此外，他决定搬进工厂车间，亲自监管制造流程。那段时间，他每周工作 120 小时，一件衣服连穿 5 天，3 个月只出厂一次，甚至要服用镇静剂才能入睡。

功夫不负苦心人，在马斯克和员工们的疯狂加班下，事情终于迎来了转机。2018 年第二季度最后一周，Model 3 终于实现了每周 5000 辆的产能目标。

消息公布后，特斯拉股票逆风反弹。第三季度，Model 3

成功交付 56000 多辆，同时又交付了 27000 多辆 Model S 和 Model X，财报显示营收为 68.24 亿美元，远高于上年同期的 29.85 亿美元，净利润为 2.55 亿美元，终于扭亏为盈，随后公司的股价上涨了 12%。

然而，这时候马斯克又犯了错误。2018 年 8 月 7 日，他发布了一条推文说："我正在考虑以 420 美元 / 股的价格将特斯拉私有化。资金已经到位。"

要知道，这个"重磅炸弹"的宣布不是在公司的内部会议上，也不是在群发给员工的邮件里，而是在他的推特上，这意味着全世界都知道了这个消息。这条推文瞬间引发了巨大的轰动，特斯拉股价上涨 8%。因为特拉斯在股市造成的影响太大，最终造成了美股直接停牌。

后来美国证交会通过深入调查发现，马斯克发这个"震惊股票世界的消息"，居然是一个用来逗女友格莱姆斯的玩笑。

所谓私有化，是指由上市公司大股东买回小股东手上所有的股份，然后撤销这家公司的上市资格，使公司变为大股东的私人公司。也就是主动退市。对此马斯克给出的理由是，他认为私有化能提高公司运营的透明度。当然，这个理由多少有些牵强，不过从马斯克的性格来看，这个充满着控制欲的男人想要独揽大权再正常不过了，毕竟他曾经在公司内斗中被残忍地踢出局。

但是，私有化牵涉太多的人，很快就引起了特斯拉内部的骚动，因为人们不知道这个决定到底对自己是否有利。

按照当时每股 420 美元的私有化价格推算，特斯拉的市值大概在 710 亿美元，其中马斯克持有 20%。如果真的要推行私有化，马斯克至少要筹集到 500 多亿巨款。暂且不论资金能否筹集得到，私有化的决定还需经过股东大会的投票表决。

美国证交会介入调查，董事会的很多成员也被激怒了。马斯克被搞得焦头烂额，睡觉离不开安眠药了。

17 天后，马斯克不得不宣布：特斯拉的私有化计划终止，公司维持现状。

2018 年 9 月 27 日，美国证交会指控马斯克涉嫌证券欺诈和误导投资者。两天后的 9 月 29 日，马斯克和特斯拉都同意各自支付 2000 万美元罚款，了结了这一指控，同时，马斯克同意辞去特斯拉董事长一职。

这一事件引起了广泛关注，对投资者和市场参与者来说，这是一个重要的案例，提醒公司高管在使用社交媒体时需要特别谨慎。

具有前瞻性和冒险性的马斯克，推动特斯拉私有化，可能只是一心想要让公司更好地发展，只是因为各种原因未能成功实现。当然，马斯克不会"因噎废食"，从此远离推特。他依旧会把它当作自己有力的宣传工具，甚至可以说是有力武器。

自带影响力的人

2019 年 11 月，特斯拉首席执行官马斯克发布了电动皮卡 Cybertruck，这款车的设计灵感来源于 1982 年科幻电影《银翼杀手》，外形风格和市面上的皮卡完全不同，充满赛博朋克风的科幻色彩。车辆外壳采用特斯拉自研的 30X 冷轧不锈钢材质，硬度超过普通铝合金。由于这种材料过于坚硬，特斯拉选择采用楔形设计，车身上半部分呈三角形。

这款电动皮卡零百加速只需 3 秒，有 400 千米、480 千米和 800 千米 3 种续航里程版本。它的拖拽能力可以达到 6.3 吨。

特别值得一提的是，马斯克还提出了一种独特的新能源车补能方案：车顶光伏无感补能——在车后顶部安装光伏板，为新能源车电池补充能源。同时，采用 48V 低压系统，使得车身线束得到大幅度简化。

这的确是一款好车。然而，距离上市还有很长时间。怎么才能借机宣传特斯拉，并让大家关注并提前交订金预订呢？花钱做广告不是马斯克的风格。他更喜欢用自己独特的方式，自己亲自来实施。

从 2019 年 11 月 11 日到 2020 年的 2 月初，马斯克先后在推特上发布了 180 多条推文。

在他的推文中，频繁出现 Cybertruck 一词。马斯克借助推特让 Cybertruck 不断曝光，成为他推特上闪现次数最多的词汇，总计达到 15 次。考虑到他有 3000 万粉丝，如果用 3000 万乘以 15，这个词汇的曝光度数据就达到了 4.5 亿次。虽然这只是一个单纯的乘法计算，可是在互联网效应的作用下，Cybertruck 非常容易成为网络上高曝光的词汇之一。这一做法产生了立竿见影的神奇效果。

比如，2019 年 11 月 22 日发布会当天，马斯克在亲临现场演示新车时，又连续发布了 10 条推文。

在接下来 5 天的预订时间内，特斯拉一共收到了 25 万份订单，这一部分的收入就达到了 2500 万美元。特斯拉的股价开始上涨，一天内从每股 333 美元增长到每股 419 美元。

这一切的成功，除了有粉丝支持外，也离不开马斯克的独特创意和宣传策略。

从 2019 年 11 月开始，特斯拉的股价一直狂飙，最高纪录是 1100 美元，这已经超出 1000 美元的"盘中纪录"。2021 年，特斯拉的市值突破 1 万亿美元，超越了丰田、大众通用等 11 家老牌车企之和。

全球消费研究公司曾做过一项有超过 3 万名美国成年人参与的调查，结果显示，有 37% 的人以马斯克的推特内容作为投资参考。不少押注特斯拉的股民，都是被马斯克的个人魅力所影响，他们甚至都没有仔细分析过特斯拉的财务报表。甚至有美国网友建立了"埃隆股票"网站，专门收集展示与马斯克和特斯拉股票相关的内容,并为注册会员发布相关信息。

特斯拉股价、推特市值的涨跌,往往就是凭马斯克的一条推特。难怪马斯克敢公开说:"我的产品从来不做广告。"原来,他相信自己在网上的影响力足够大。

一个公正的价格

2014 年 1 月 24 日,特斯拉公布其旗舰车型 Model S 的中国市场零售价为 73.4 万元人民币,远低于豪华车在华的基本售价——200 万元。

要知道,在喜欢特斯拉的人眼中,特斯拉的档次和法拉利一样。73.4 万元是马斯克亲自定的价。为此,他还专门以"特斯拉团队"的名义发布了一篇解释文章:《一个公正的价格》。文章说:

"这款车型在中国的价格与在美国一致,多的只是不可避免的关税、运输费用和其他税费。""我们看重的是公平,我们看重的是透明,我们看重的是推动中国的电动汽车事业,我们看重的是以正确的方式对待每一个客户——无论他 / 她身在何地。"文章的最后,还给出了"人民币 734000 元定价的计算公式"——

81070 美元 (在美国的价格)

3600 美元（运输与装卸）

19000 美元（关税和其他税）

17700 美元（增值税）

734000 元（汇率 1 美元 ≈ 6.05 元人民币）

马斯克在文章中强调：

"做出这样的定价策略对特斯拉而言需要相当的勇气。我们希望公平地对待中国消费者。如果按照汽车行业在中国的惯例，我们完全可以把 Model S 在中国的价格定为美国的两倍以上。但我们决定不遵循惯例……"

值得一提的是，马斯克的所谓"不遵循惯例"，指的是别人的"惯例"，而不是他自己的"惯例"。在 2020 年的特斯拉"拒交门"事件中，他就坚决不允许自己的"惯例"被打破。

2020 年 7 月 26 日，宜买车汽车旗舰店在拼多多上发起"万人团购特斯拉"活动，特斯拉 Model 3 市场指导价是 29.18 万元，而拼多多团购价只要 25.18 万元。

拼多多一向给人价格便宜、补贴力度大的印象，但补贴 4 万元之多，也不得不让人怀疑是否是正品。然而，很多人就是喜欢"占便宜"，因此，想下单的人挺多。

不过，虽然拼多多页面上显示价格直降了 4 万。但在此之前特斯拉 model 3 已经降至 27.155 万元，这样看来，拼多多每辆车只需补贴 2 万。

每辆车补贴 2 万，也就是 10 万，却能引来众多围观，赚足了噱头。万人团并不是真的要一万人才能团购成功，这批团购仅有 5 辆特斯拉。

在特斯拉官方向用户交付新车的过程中，公司发现购车订单并非本人操作，购车人已将购车款打给拼多多，所以特斯拉认定该笔交易为"订单转卖"。

团购活动结束后，特斯拉拒绝向拼多多团购车主交付新车，并已于 8 月 14 日晚间关闭了拼多多团购车主的汽车订单。理由是：特斯拉没有和宜买车汽车旗舰店或拼多多就该团购活动有任何合作或任何形式的委托销售服务。"万人团购活动"并未得到特斯拉官方授权，不予认可。特斯拉保留追究相关方法律责任的权利。

随后，拼多多做出了正面回应，明确表示：此次团购活动中的特斯拉汽车均为正品，并且购买渠道正规，会提供所有购车的相关手续；此次活动中所给出的超低价与新车官方售价的差额均由拼多多方进行补贴，不存在其他问题。

特斯拉和拼多多各执一词，提车车主准备发起诉讼，以"不履行车辆买卖合同"为由起诉特斯拉。拼多多方表示支持消费者依法维权，会陪消费者一起维权到底。

网上开始出现激烈的争执。

有人认为，特斯拉拒绝交付的行为是不合理的，作为合同主体，买方可以自己付款，也可以委托第三方付款，法律没有禁止代理付款行为。有网友调侃："我拼多多自掏腰包补贴，还需要向你申请？"不管特斯拉与拼多多孰是孰非，都不应侵犯消费者的正常权益，理应及时向消费者发货。

也有人认为，在特斯拉不知情的情况下，拼多多代替消费者在特斯拉官网上下订单，并让消费者最终以低于市场价格的形式获得特斯拉产品，这一行动意味着特斯拉自身的定价受到了第三方企业（拼多多）的冲击。特斯拉方在接受订单前，不了解购车人是接受拼多多（第三方）补贴进行购车的，所以，在接受订单后有权拒绝交付产品。

也有网友表示，如果没有取得委托销售授权，拼多多的确不可以这样做，因为特斯拉汽车购买协议上写了禁止倒卖，除非是二手车。

特斯拉最后的妥协是，如果消费者愿意通过特斯拉正规渠道重新下单，特斯拉将对消费者因此产生的精神与经济损失提供补偿。很显然，这是对用户的妥协，对拼多多和宜买车则毫无让步的意思。最终，这一事件以拼多多团购用户通过家人账户付款并完成提车而收尾，马斯克还是坚持了特斯拉"直营模式"的"惯例"。

特斯拉从2008年开始就坚持直营模式。特斯拉旨在用强硬的态度来捍卫自己全球直营的市场策略。在马斯克看来，特斯拉最大的价值就是自己的直营体系，消费者去任何一家门店体验购车后，以绝对统一的价格和流程完成购车。"万人团购"事件无疑是在变相打乱特斯拉好不容易建立起来的经销渠道和价格体系。这是马斯克坚决不允许发生的。

马斯克的这种"不遵循惯例"和"遵循惯例"，是好还是坏呢？

开拓中国市场，组建中国团队

虽然 2009 年特斯拉就开始考虑进入中国市场，但真正展开登陆行动却是在 2013 年。除了商标争执，没有合适的团队是另一个原因，尤其是高层管理人员。找到既懂中国市场又对欧美汽车企业运作非常熟悉的专业人士不难，难的是能够适应马斯克的高标准要求和管理风格。

2013 年 3 月，马斯克亲自主导组建中国团队，他相中了宾利中国区总经理郑顺景。

1992 年毕业于香港中文大学工商管理系的郑顺景，已经在汽车行业打拼了 20 年，曾在英之杰、太古、捷成等多个著名的汽车集团就任管理职位。在他执掌宾利中国 10 年间，宾利在中国的销量连年翻番，最终在 2012 年使中国首次超过美国成为全球第一大市场，把劳斯莱斯等强劲竞争对手抛在了后面。

郑顺景在参加特斯拉招聘面试的时候，明确提出了两大请求：一是要重视中国国情，二是他有高度自主决策权。马斯克很爽快地答应了他的请求。

2013 年 3 月，郑顺景加入特斯拉中国，任总经理。在他的带领下，特斯拉进入中国的第一年，通过在各种论坛及活动中的高频曝光率，就从一个中国人完全陌生的品牌变得家喻户晓，初步树立起了高端大气的形象。出乎大家意料的是，2014年3月31日晚，郑顺景突然在网上发表告别信，确认从特斯拉离职。他在信中表示，自己将在4月底正式离开特斯拉中国。

有人认为，这主要是因为"爆粗口"事件。2014年2月17日，根据外企的规章制度，不允许对其他企业进行评论。也有业内人士推测，特斯拉当时，无法享受新能源补贴政策，商标问题没处理好，特斯拉与中国电网洽谈的合作也陷入了僵局，这是他辞职的主要原因。

2013年11月，来自苹果公司的吴碧瑄成为主管特斯拉中国区的全球副总裁，并取代了郑顺景中国区最高负责人的位置。

吴碧瑄在耶鲁大学读完了本科，在伯克利大学读完了博士，先后在麦肯锡、摩托罗拉任职，后又跳槽到苹果公司，负责整个大中华区的非零售业务，成为董事总经理。她认识到特斯拉在中国的公司正处于发展的早期，极具成长空间，就接受了马斯克的聘请。马斯克看中的是她苹果式的营销风格和政府公关经验与技能。

在吴碧瑄的带领下，特斯拉在华业务得到快速发展，很快就通过上海市政府审批，获得了电动车车牌。2014年1—9月，特斯拉Model S在中国市场共交付3500辆，成为特斯拉全球订单的第一来源。

2014 年 3 月底，特斯拉向中国市场交付了第一辆车。马斯克对中国市场寄予厚望，甚至曾表示："中国市场就是我们的王牌。"特斯拉给中国区下达了销售指标：2014 年卖出 1 万辆车。

2014 年 4 月，特斯拉与阿里巴巴达成合作，在特斯拉中国官网上，用户订购特斯拉可以通过支付宝在线付款。

在巨大的销售指标压力之下，吴碧瑄开始寻求一些变通做法，比如默认将一部分车辆销售给汽车经销商，由其进行分销，并尝试寻求与阿里巴巴进一步合作。

2014 年 10 月 20 日，特斯拉天猫店上线，并发起了"双 11 特斯拉天猫销售"活动。为了这次"双 11"，特斯拉准备了 18 辆 Model S 现车，消费者可以选购车型，冻结 5 万元余额宝资金当作订金，在提车城市的特斯拉网点付完尾款，最快 5 天即可提车。此外，特斯拉还将为"双 11 当天购"的客户免费安装家用充电桩，作为特殊优惠。

然而，这些做法违背了马斯克的直营原则，他坚持全球采取统一的直销模式。就在活动进行一周后，特斯拉天猫店遭到美国总部的否决，被紧急叫停。

2014 年 12 月 12 日，吴碧瑄从特斯拉离职，超级充电站项目总监朱晓彤成为接任者，负责领导大中华区业务，并负责特斯拉在上海的超级工厂的建设运营。

朱晓彤毕业于新西兰奥克兰理工大学，获美国杜克大学富卡商学院 MBA 学位，和现任苹果公司"掌门人"库克是校友。

他先后在楷博国际担任要职，在利比亚和苏丹工作过近两年时间；曾创办多家企业，拥有丰富的管理经验和跨国跨文化工作经历。他于2014年4月加入特斯拉汽车公司，担任特斯拉中国超级充电站项目总监。

和马斯克一样，朱晓彤性格倔强，不畏竞争，敢想敢为，被认为是除马斯克以外最理解特斯拉文化内涵的人。朱晓彤在接受外界采访时说："马斯克是个直率甚至有童真的人，他坚毅、要求高。像特斯拉这么难的事，如果是很柔软的人，我也不愿跟他干。"

朱晓彤上任后，开始了大规模的门店扩张，连三四线城市都不放过。为了满足门店扩张的需求，特斯拉加快了招聘汽车销售工程师的速度，创造了"当天招聘，次日入职，第三天参加集中培训"的纪录。

在朱晓彤的带领下，特斯拉终于在中国打开了局面，并且销量每年都在上升。相应地，朱晓彤在特斯拉也一路晋升。2018年7月，被晋升为特斯拉亚太地区副总裁；2019年8月，升职为特斯拉全球副总裁和大中华区总裁，他主导了一系列特斯拉产品中国本土化事务，比如体验中心开业、新车在华宣传以及上海特斯拉超级工厂的建设等。

2022年12月20日，朱晓彤上了界面新闻2022年超级首席执行官榜单。

特斯拉在提交美国证交会的一份监管文件中披露，朱晓彤自2023年4月起担任公司汽车业务高级副总裁。他将继续负责特斯拉美国生产业务以及北美和欧洲的销售业务，同时将继续作为中国和亚洲其他地区销售的最高负责人，跻身特斯拉四大高管之一，被外界视为"公司内部最有可能接替马斯克的人"。

2023 年 9 月，在中国上海超级工厂下线全球第 500 万辆特斯拉整车，特斯拉成为继比亚迪之后全球第二家到达这一里程碑的企业。这标志着特斯拉在开拓中国市场方面，已经取得了不错的成绩。

马斯克开拓中国市场的策略，基本是成功的。

完全自动驾驶

2014 年，马斯克在新款 Model S 的发布会上宣布："特斯拉的自动驾驶技术让你能拥有私人过山车。"

有记者问马斯克："你认为自动驾驶汽车什么时候能获批？"

马斯克回答说："我不关心自动驾驶什么时候被批准。我关心的是人类什么时候会被禁止开车。"

记者说："有些人认为，完全的自动驾驶永远都不会发生，因为没有人能想象坐在一辆没有方向盘的汽车里面。"

马斯克回应道："好吧，一百年之前，没有人能想象在没有电梯管理员的情况下乘坐电梯。现在，你不能想象的是一部有电梯管理员的电梯。"

正当人们议论纷纷之际，2014年10月特斯拉就正式发布了自动辅助驾驶Autopilot1.0系统。

特斯拉自己研发的FSD（全自动驾驶功能）芯片，包含3种不同的处理单元：负责图形处理的GPU（图形处理器）、负责深度学习和预测的神经处理单元NPU（嵌入式神经网络处理器），还有负责通用数据处理的CPU（中央处理器）。这一系统的传感器使用了一个前置摄像头、一个前向毫米波雷达和围绕车身一周的12个超声波雷达。

虽然它还不能完全实现全自动驾驶，更多的是增强驾驶的舒适性和安全性，但它已经开始尝试替代人类驾驶汽车。这意味着，一个新的汽车时代开启了。

2015年10月，3位毛遂自荐的司机驾驶特斯拉，穿越整个美国，全程耗时57小时48分钟，平均速度达到了84千米/时。其间在自动驾驶模式下开到了速度145千米/时。这时，汽车完全处于无人监管的状态。

不过，一位司机承认，当时情况很危险，因为自动驾驶系统似乎并不能防止汽车冲下高速公路。

这一次的试驾结果完全在马斯克的预料之内。因为他知道，Autopilot目前还不能完美地避开所有的事故，所以还要对它继续进行改进。

随后，特斯拉又多次对系统进行升级。可选方案也由原来的自动辅助驾驶（AP，基础配置）逐渐发展了增强版自动辅助驾驶（EAP）和完全自动驾驶（FSD）两种不同的方案。几乎每过一年，马斯克都会重新预测：完全自动驾驶还有一年左右就会实现。后来，马斯克承认，这个过程比他在 2016 年预测的要艰难。要搞定完全自动驾驶，实际上必须先解决现实世界的人工智能问题。

2023 年 8 月 26 日，马斯克发布了他在加州帕洛阿尔托亲自测试提供完全自动驾驶功能的软件的视频，为了让观众更好地了解真实情况，发布的视频没有经过编辑或加速，他还进行了解说。

车辆表现良好。只是马斯克不得不在一个红绿灯处接管车辆，因为车辆在绿灯时直行而不是左转。虽然全程他只干预一次，但这意味着系统仍然需要司机全神贯注地去监督。

虽然安全问题一直是自动驾驶中大家最关心的问题，特斯拉开发的自动驾驶系统也引发过交通事故，但这并不能成为阻止这一技术发展的理由。不管怎么说，马斯克为我们勾画的完全自动驾驶的远景，还是非常值得期待的——

买一辆车，就像是买一个加速器一样，你只要知道你想要去哪儿，车子就会非常安全地带你到达目的地。这将会成为日常生活中非常普遍的现象。对于加速器而言，以前我们要换挡、踩离合、加速，现在只是动一个按钮的事情。

对于马斯克来说，仅仅实现完全自动驾驶是不够的，他想做的改变人们生活的事情，还有很多……

第六章
绿色能源

PART 03

马斯克说："我们无法一直消耗地球上有限的煤，我们必须找到煤的替代资源，而且最好在煤资源耗尽前就找到替代品。""太阳在一个小时内投射到地球表面的太阳能，相当于全世界一整年的能源消耗总量。如果我们把太阳作为人类未来首选的能量来源，那么未来应该来得越快越好。""我希望我做的事，能对人们的生活起着深远的影响。要么不做，要做就做历史性的。"

推动绿色能源革命

在当今世界，能源问题日益成为人们关注的焦点之一。人类对于能源的需求不断增长，而传统能源的使用也带来了越来越多的环境问题。因此，马斯克想用自己的行动去推动绿色能源的开发。

什么是绿色能源呢？绿色能源又叫清洁能源，是指不排放污染物、能够直接用于生产生活的能源。它包括核能和可再生能源。我们熟悉的太阳能、风能、水能都属于绿色能源中的可再生能源。

马斯克在1994年读大学的时候就写过一篇名为《太阳能的重要性》的文章，当时他已经开始思考太阳能电池的工作原理、资源的有效利用、材料改进和大型太阳能发电站的建设等方面的问题了。他甚至为人们描述了能源站的未来：巨大的太阳能电池板悬浮在太空，通过微波不断地向地球发射能量……

太阳能作为一种绿色能源，具有巨大的潜力和优势。它不仅可以减少对传统化石燃料的依赖，还能够降低温室气体的排放，从而降低对气候变化的影响。马斯克一直在研究太阳能，他始终认为：太阳能是解决能源问题最有效的方式。

最初做电动车，马斯克有源自科幻迷对世界的"妄想"，也有希望推动全球绿色能源发展的目的。现在电动汽车虽说不用汽油，但是，很多电力的来源也是可燃物在燃烧时产生的热能，因此也存在资源有限、环境污染的问题。

马斯克一直追求的是真正的绿色能源，他希望人类能够彻底摆脱对化石燃料的依赖。他的远大目标之一是：大家都能买得起电动车，最终完全实现用太阳能给电池充电，让大家都用上绿色能源。

他发现，相比太阳辐射给地球带来的巨大能量，人类所利用的太阳能实在是微乎其微，其中有巨大的潜力可挖掘。每平方千米的太阳能功率约为1G瓦。从目前的太阳能发电装置的能效比来看，每平方千米可产出约200M瓦的发电量。如果用2.6万平方千米的土地建设太阳能电站，产生的电量就可以供全美国使用。得克萨斯州的面积就有将近70万平方千米，在这个州的一个小角落铺满太阳能板，就能满足整个美国的用电需求。

因此，马斯克决定创办太阳城项目，这代表了马斯克对环保事业的承诺和对未来能源发展的远见。

成立太阳城公司

2004年，马斯克跟家人一起参加火人节时产生了成立太阳城公司的最初想法。当时在场的有他的两个表兄弟彼得·赖夫和林顿·赖夫，他们是从南非来到美国的，已经创办了几家公司。

马斯克把想要进入太阳能行业的想法告诉了两个表兄弟："我的目标是成为太阳能领域里的戴尔，把在屋顶安装太阳能电池板变得极其简单。如果你们觉得这个主意不错，那么我可以投资，但条件是由我来担任董事长。"

彼得和林顿两兄弟当即表示赞同。

经过一番精心筹划，2006年，他们成立了太阳城公司。马斯克投资1000万美元，是最大的股东，掌管着公司1/3的股权，并担任董事长兼首席执行官，林顿担任首席运营官，彼得担任首席技术官。

为了成为太阳能行业的专家，准确找到商机，彼得和林顿花了两年时间了解太阳能技术和行业动态、阅读研究报告、拜访专家并参加会议。直到参加了有2000人出席的太阳能国际会议时，他们两兄弟才真正明确了公司的业务模式。当时太阳能市场反映不好，对于如何缩减成本，让消费者买到便宜又使用便捷的太阳能板，与会的专家并没有给出答案。

太阳城公司决定瞄准用户的痛点：担心不划算和安装太麻烦。他们自己不生产太阳能板，而是从其他公司采购，把精力用在解决用户痛点上。也就是说，公司决定不做太阳能电池板的制造商，而是要控制从销售到安装的消费者利用太阳能的整个过程。

几年后马斯克回忆这一段创业时光时说："我非常感谢我的表兄林顿和彼得。虽然我提供了这个灵感，但是他们俩才是把这个想法变成现实的人。比起他们的付出，我的灵感并不值得一提。他们在推广太阳能方面做出了许多的努力。他们还在许多层面进行了创新，因为太阳能发电系统涉及很多绝缘与建筑方面的问题。"

马斯克和彼得、林顿两兄弟一起研究构思了一套"免费安装＋租赁"的业务模式：

首先，他们设计了一套软件，用来分析客户当前的电费账单、房子的地理位置和房子能够接收到的太阳能总量，帮助客户判断安装太阳能是否划算。接着，他们组建了一个上门安装团队，帮助客户安装太阳能板，为客户省去了自己找厂家安装的麻烦。然后，他们向客户提供一套财务软件系统，方便客户缴费。客户只需要按月支付租费。如果用户出售了自己的房子，这些还可以由新的业主接手。这样一来，客户省了很多麻烦，还省了一大笔电费。

在市场惨淡的大环境下，太阳城公司依靠这套业务模式，迅速打开了局面，成为太阳能应用市场的"领头羊"。由此，我们不得不再次叹服马斯克的远见和商业头脑。

独特的商业模式

与其他清洁能源公司不同，太阳城并没有致力于开发新技术，而是开创了前所未有的盈利模式。太阳城把现有的太阳能技术和理财方式具有创新地结合在一起，创造出了独特的商业模式。

太阳城首先瞄准的是美国住宅的太阳能安装市场。它们为用户设计适合自家屋顶的太阳能发电系统，并且负责安装。

一套太阳能发电系统的售价通常高达 2 万美元，大约 90% 的用户更愿意采用租用的方式，而不是购买一套这么贵的太阳能发电系统。因此，太阳城并不出售太阳能发电系统，而是向用户们提供租赁服务。用户租用的太阳能电池板，可以满足家庭的用电需求，多余的电力则卖给当地电网。

太阳城为用户提供的电价平均为 15 美分 / 千瓦时，而加利福尼亚州的平均电价为 18 美分 / 千瓦时。这样一来，太阳城的用户能够显著减少电费开支。由于电力公司的电价上涨趋势明显，而向太阳城购买电力的用户既能避免购买太阳能设备的昂贵支出，又能享受到相对便宜的电价，减少电费支出。所以，太阳城的商业模式从理论上来看是很好的。

太阳能产业的绝大多数利润不是来自太阳能电池板的生

产或者销售。以小型住宅太阳能系统为例，太阳能电池板的成本仅占整个系统的 20%，其余成本包括专业安装费用以及连接太阳能系统与电网的硬件的成本。

个别太阳能电池板生产商也提供安装服务，并且还出售电力。但是他们采取的商业模式不同，所以绝大多数安装利润都流向了以太阳城为代表的太阳能电池板安装公司。

太阳城采用创新的方式为太阳能电池板和储存电力的设备等开拓了市场，回避了把昂贵的太阳能系统卖给家庭用户这个难题，同时顺利地增加了家庭太阳能系统的普及率。它们开创的这种新模式现在已经被绝大多数太阳能系统安装服务公司所使用。

太阳城的创新性不仅体现在其商业模式上，它们还开发出了新型管理软件和工具，能同时管理位于多个州、不同城市、成千上万个家庭安装的太阳能系统。最关键的一点是，太阳城负责保证太阳能系统正常运转，家庭用户在正常用电的前提下能够节省电费。

太阳城对商业用户也推出了类似的项目。2011 年，太阳城公司推出了"太阳能增强"项目。这个项目计划花费 5 年时间，投入 10 亿美元，为全美国 12 万座军用建筑提供太阳能发电系统，其中包括安装发电量高达 300 兆瓦的太阳能发电板，提供比公用电力成本更低的太阳能电力服务。项目一旦完成，将成为美国历史上规模最大的屋顶太阳能项目。

自 2006 年成立以来，太阳城发展迅速，太阳能安装项目提供的电力从 2009 年的 440 百万瓦激增到 2014 年的 6200 百万瓦。

2012 年 5 月初，在美国太阳能企业普遍难以盈利，纷纷取消上市计划，甚至濒临破产的时候，太阳城却宣布他们已经向美国证交会递交了上市所需的所有材料。2012 年 12 月 13 日，太阳城成功登陆纳斯达克。当天收盘从每股 8 美元上涨到 11.79 美元，公司市值 8 亿美元。

至 2016 年，太阳城拥有超过 33 万客户，遍布全美 27 个州。只是遗憾的是，有这么多的用户，公司不但不盈利，还产生了巨额亏损。不过马斯克并不在乎，只要方向正确，他就不会轻易放弃，尽管难免要不时应对各种危机和挑战……

太阳城陷入财务危机

从 2014 年开始，太阳城公司开始和特斯拉联手，销售特斯拉汽车公司制造的家庭储能墙。购买太阳板的用户，同时被游说购买特斯拉的家庭储能墙。这些储能墙能够为用户提供夜间用电和应对意外断电，弥补阴天时太阳板不能发电的缺陷。一时间，太阳板的销售量猛增。

一向不从事太阳能板制造的太阳城公司，被销量冲昏了头脑，决定自己制造太阳板。2014 年 6 月，太阳城以 2 亿美元的价格收购了一家名为赛昂电力的太阳能电池制造商，开始自己生产太阳能板。

在收购的时候，马斯克表示："如果不进行这次收购，我们就可能无法获得足够多的太阳能面板，以确保业务的长期发展。虽然市面上基础面板的产量很大，但太阳能行业需要更先进的面板与其他类型的新能源竞争。收购赛昂电力，还将大幅削减太阳城的成本。"也就是说，如果能自己制造太阳能板，并利用一些与众不同的技术，成本自然会降低，利润就会增加。

当时业内人士很不看好这项收购。当时全球太阳能面板已经供过于求，因为很多国家在大力扶持太阳能电池板制造，使得全球产能过剩，利润大幅下降。这时候收购赛昂电力，充满了风险。

太阳城公司却雄心勃勃，它们立下这样的目标：每年安装2G瓦的太阳能板并生产2.8T瓦的电力。相比大多数转化效率为14.5%的普通电池，赛昂电力的电池将光转化为能源的效率据说可以达到18.5%。而他们的目标是，采用正确的生产技术将转化效率提高到24%。他们还喊出了这样的口号："太阳城将致力于实现自己的目标，成为美国最大的电力供应商之一。"

2015年，有了自己的生产工厂的太阳城开始进军海外市场。公司最早看中的是欧洲市场，于是在英国成立了子公司。可惜，他们很快发现，由于削减上网电价补贴，英国"实在没有经济意义"。也就是说，这次行动失败了。

随后，太阳城开始进军墨西哥市场。因为他们认为，拉丁美洲是一个具有吸引力的市场，有着高辐照条件，地势高并且电力价格不断上涨，人均电力使用量不断提高。

他们收购了墨西哥最大的商业和工业太阳能开发商之一的 ILIOSS。这家公司作为太阳城的一个独立业务部门运营。他们相信，收购这家公司，将有助于在墨西哥为商业和工业用户提供较现行价格低的电力。然而，高达 1500 万美元的高昂收购费，使太阳城感受到了沉重的财务压力。

此外，为了冲击销量，公司每周招聘近 100 名销售代表，薪酬支出也让太阳城的现金流吃紧。太阳城很快陷入财务危机。太阳城的股价从 2015 年下半年开始出现下跌趋势。到 2016 年，资不抵债的太阳城亏损达到了 8.2 亿美元。

为了改善经营状况，解决太阳城的"流动资金危机"，马斯克硬着头皮，决定通过收购的方式，接下这块烫手的山芋。

向储能业务延伸

尽管特斯拉董事会和评估这笔交易的银行都不看好这项收购，2016 年 8 月，特斯拉还是宣布以 26 亿美元的价格收购太阳城公司。

马斯克解释说："收购太阳城公司的好处是毋庸置疑的。特斯拉借此将成为世界上第一家真正实现全产业链的新能源公司：出行开特斯拉电动车，停车有太阳城的充电桩和充电通道，回到家也可以用家庭储能墙满足日常需求。这将改变美国乃至全世界的家庭生活，带给大家前所未有的高科技生活体验。"

他还强调："人们会想要一个能发电、看起来不错、能长时间使用的屋顶，这就是我们想要的未来。所以，太阳能屋顶将是一个重要的产品。因为它是一个全新的、革命性的产品，这将是特斯拉的一条主要产品线。"

为了给股东树立信心，马斯克进一步描绘即将开展的太阳能屋顶业务：在别墅上安装一个太阳能屋顶，在外工作了一天的家庭成员可用它来烧饭、洗澡、阅读、看电视；购买特斯拉电动汽车的家庭随时可以用它充电。总之，太阳能屋顶用处极大。

虽然很多人认为马斯克收购太阳城是"走了一步臭棋"，然而，马斯克的运气不算太坏。

2014 年 6 月，太阳城收购光伏组件制造商赛昂电力的时候，与纽约达成了在水牛城建厂的协议。2016 年，在重振"钢铁小镇"水牛城亿万计划中，太阳城从当地政府获得 7.5 亿美元巨额财政补贴。

特斯拉在收购了太阳城之后，开始向储能业务延伸。2015 年 4 月，特斯拉发布了一系列开发太阳能储能产品的规划，包括特斯拉能量墙和商业储能电池组等家庭、工业储能产品。其中，能量墙能够在电力需求处于低谷的时候充电，在电价和用电需求较高的时段输出电能，储存的能量最大为 10 千瓦，相当于一个普通家庭 10 小时的耗电量。

与太阳能屋顶产品的降价相比，家庭储能电池的价格却一直在上升。从 2019 年 7 月到 2020 年 6 月，在美国太阳能市场的电池储能系统交易中，家庭储能电池的市场占有率超过了一半。从安装成本上看，家用储能系统也是市场上最划算的。可以说，在家用储能领域，特斯拉太阳能已经遥遥领先。

2019 年，特斯拉太阳能与美国最大的电能公司之一太平洋天然气和电力公司在加州联合部署了几个电池扩容包项目。随着电动汽车销售量的增长，市场对于特斯拉电池扩容包的需求远远超过其生产能力。特斯拉只好想方设法扩大生产。

2020 年 7 月，英国可再生能源开发商和能公司引进了特斯拉电池扩容包技术，在南部多塞特郡建立首个电池储能项目。2020 年 8 月，太平洋燃气电力公司建设的一个将安装 256 台特斯拉电池扩容包的电池储能项目也开了工。通过推广太阳能屋顶和储能产品，特斯拉在太阳能领域重新夺回了市场领导者的地位。

竞争对手只能提供价格和功能上占优势的太阳能屋顶产品，而特斯拉拥有"太阳能屋顶＋特斯拉能量墙＋电池扩容包"三大产品线。正是因为开发出了竞争对手还不具备的高新技术，特斯拉太阳能重新主导了整个市场。

马斯克提出了自己的超级储能计划，他的目标是通过科学技术将太阳能储存起来，并免费提供给全球居民使用，以解决全球电力问题。这项挑战科技发展局限性的举措，已在全球范围内引起了巨大的关注和震撼。

有人表示质疑和担忧，认为这是一个不可能实现的计划，因为其涉及全球能源供应和利益分配的复杂问题。特别是对某些商业利益集团来说，马斯克的超级工厂可能成为强大的竞争对手，对它们的既得利益构成威胁……

尽管马斯克的计划仍存在许多未知和挑战，但我们相信，一旦成功实施，它不仅有益于人类的未来发展，也将对全球生态产生重要影响。

是突破性技术还是失败品

太阳城面临的是新能源领域的"最后一公里"挑战，即真正实现太阳能的普及和主流化。2013 年太阳城已成为美国住宅建筑中太阳能系统的主要供应商，其关键创新不是在技术层面，而是在金融层面。

在太阳城出现之前，安装太阳能屋顶的费用在 3 万到 5 万美元之间。太阳城公司率先提出了"太阳能租赁"策略，允许房主免费安装屋顶，并逐步偿还安装成本。

2014 年 2 月是太阳城的市值巅峰，但随后这家公司的合同取消率一路飙升。一些批评者指出，太阳城的销售策略是罪魁祸首。这家公司的销售人员会大肆宣扬节省的费用，来推广预订和安装，但当真正需要交费的时候，客户就意识到自己节省的钱并没有像他们所承诺的那么多，便立即取消了安装。

当时，太阳城的销售团队每周都新增数百人，他们在提成的激励下签下一笔笔订单，但公司的营收却没有增长。

两年后，错误的运营方式让太阳城的股价下跌了1/3。这时，马斯克提议特斯拉收购太阳城。交易获批后，特斯拉将太阳城的业务整合到了太阳能屋顶产品线业务中。但太阳能屋顶项目的进展缓慢，尽管这项技术有前途，特斯拉完全打开市场仍需付出很大的努力。

2018年3月，马斯克宣布2019年将是"太阳能屋顶年"。7月下旬，他在推文中表示，特斯拉"希望"在2018年底前每周生产1000个太阳能屋顶。但这时，即使是曾经的忠实支持者也变成了怀疑者。2016年曾将太阳能屋顶列入其十大"突破性技术"名单的《麻省理工学院技术评论》将其称为"失败品"。

特斯拉还因为太阳城出现的问题面临法律纠纷。2019年8月，沃尔玛在其7家门店的太阳能电池板着火后起诉特斯拉，但几个月后双方迅速达成和解。

收购太阳城之后，特斯拉还陷入了股东提起的重大诉讼中。特斯拉股东称，马斯克错误地陈述了太阳城当时的金融状况，26亿美元的收购实际上是对这家企业的援助。但实际上，马斯克在证词中表示，他将所有太阳城员工调去生产Model 3，进一步影响了太阳城复兴的机会。

2023 年 6 月 6 日，特拉华州最高法院裁定，马斯克在 2016 年并购太阳能城公司时，并没有迫使特斯拉公司高价收购这家公司，特斯拉为太阳能城支付了合理的价格。马斯克在这场长达数年的诉讼中终于获得了胜利。

马斯克创办太阳城的初衷，是把太阳能转化为清洁的电力资源，为人们提供可持续的能源供应。从这一点上来说，它不仅仅是一个商业项目，更代表了马斯克对环保事业的承诺和对未来能源发展的远见。

太阳城为人们提供了一种能源自给自足的可能性，通过利用太阳能，家庭和企业可以减少对外部能源供应的依赖，从而降低能源使用成本。太阳城为人们提供了一种新的选择，让人们开始思考如何更好地利用可再生能源，为做好环保事业和实现持续发展开辟了一条可能的道路。虽然在技术创新、降低成本、提高效率方面还面临着很多挑战，但是马斯克仍坚信：整个人类社会都可以采用清洁能源，最终走向 100% 可持续发展的社会！

为应对气候变化贡献个人力量

马斯克说："我们无法一直消耗地球上有限的煤，我们必须找到煤的替代资源，而且最好在煤资源耗尽前就找到替代品。"他的理念非常符合《巴黎协定》——2015年12月12日在第21届联合国气候变化大会（巴黎气候大会）上通过的，由全世界178个缔约方共同签署的气候变化协定，是对2020年后全球应对气候变化的行动做出的统一安排。

正式签订《巴黎协定》之前，各国就已经针对新能源开发着手做出准备。一旦这项技术逐步完善、走向成熟，无疑会在汽车工业领域掀起一场新的大变革。

为了减少碳排放，特斯拉在汽车制造行业引领了潮流，传统汽车制造商们纷纷开始研发混合动力车型。在特斯拉开发电动车的同时，马斯克还成立了太阳城公司，成功向家庭用户推广太阳能，并且为特斯拉电动车构建覆盖主要交通路段的超级充电网络。

可以说，马斯克是应对气候变化的最大的个人贡献者。

如果2022年特斯拉在全球销售的130万辆特斯拉是汽油动力车，它们在整个生命周期内将排放超过6500万吨二氧化碳。更值得一提的是，马斯克已经重新调整了为特斯拉汽车提供动力的电池的用途，使其成为电网规模的巨型电池，为可再生能源提供必要的备份。

马斯克所做的一切都是为了对抗气候变化，为了地球的未来。他对破坏地球环境的行为一概谴责，毫不留情，就算对方是美国总统也不例外。竞选总统前后的特朗普的一些言论，就曾不止一次引发马斯克的强烈不满。

特朗普曾多次宣称全球气候变暖是骗局，他还曾表示将在上任 100 天之内"取消"《巴黎协定》。

2017 年 5 月 30 日，马斯克发推特说："我对于美国是否退出《巴黎协定》的前景表现出谨慎的乐观。"

第二天，当有传言称特朗普将启动退出《巴黎协定》流程时，马斯克就威胁将切断同总统的联系。他发推特说："我并不知道《巴黎协定》未来将走向何处，但我已经尽全力通过现有的白宫和其他委员会等渠道，直接向总统谏言。"

有网友通过推特问马斯克："如果美国退出《巴黎协定》，您将如何应对？"

马斯克立刻回应："我除了离开总统顾问委员会，别无其他选择。"

2017 年 6 月 1 日，特朗普发推特称将退出《巴黎协定》。白宫发言人斯派塞回应这一消息时说："特朗普总统只是想获得一份对美国人民公平的协定。"

根据《巴黎协定》的规定，一个国家退出不会导致协定失效。但美国的退出，毫无疑问将对这一协定产生致命打击，最终可能让全球为应对气候变暖所做的一切努力功亏一篑。

特朗普的决定，让世界一片哗然。联合国秘书长发言人迪雅里克说："秘书长呼吁全球领导人继续推进可持续发展工作，不然就会被世界抛弃。全球推行《巴黎协定》是绝对必要的，我们要以更大的胸怀来履行这个职责。"

中国外交部发言人表示："无论其他国家的立场发生了什

么样的变化，中国都将加强国内应对气候变化的行动，认真履行《巴黎协定》。"

德国、法国、意大利发表联合声明，重申《巴黎协定》是应对气候变化的基石，重新谈判毫无可能。墨西哥前总统福克斯则在推特上说：特朗普正在向地球宣战。

特朗普宣布退出《巴黎协定》半小时后，马斯克便在推特上发布消息："我将离开总统顾问委员会。气候变化已成为无法忽略的事实，美国退出《巴黎协定》，对其自身乃至整个世界都不是好事。"

此前，马斯克是特朗普制造业和就业辅导委员会的成员，同时还是总统战略和政策论坛的成员之一。

有网友评论说：一些企业家创业是为了自己的资本积累和家族声望；一些企业家创业是为了引领行业的未来走势；只有少部分企业家创业的初衷是为整个人类谋福祉，马斯克就是其中的一员。

太阳能屋顶

2016 年 11 月，特斯拉收购了以生产屋顶太阳能电池板为主业的太阳城。从那时候开始，马斯克就越来越关注"太阳能屋顶"，并在推特中多次提到相关内容。太阳能屋顶就是在房屋顶部装设太阳能发电装置，利用太阳能光电技术进行发电，供居民和工厂使用，以达到节能减排的目的。

2017年12月，在"第四届世界互联网大会"的互联网领先科技成果发布活动上，马斯克提出了"能源系统解决方案"，核心内容就是：太阳能屋顶。

马斯克说，为打造一个整体上可持续的能源生态系统，特斯拉设计了一系列独特产品，包括太阳能屋顶、太阳能电板、特斯拉能量墙和电池扩容包，通过组合形成了一个垂直一体的解决方案。这个解决方案集合了能源的采集、发电、存储和使用等过程，能够满足家庭、企业和公共事业的需求，太阳能屋顶和太阳能电板能够用于能源采集，特斯拉能量墙和电池扩容包可以提供清洁可靠且廉价的储备能源。

2018年9月，特斯拉开始在内华达州沙漠中建设规模巨大的超级工厂。按照计划，超级工厂生产的电池容量，将超过2013年电池产业总和，成为世界上最大的屋顶太阳能电厂。

马斯克还在推文中发布了超级工厂屋顶太阳能电池的一张照片，披露了超级工厂屋顶太阳能电厂的外观。马斯克说："超级工厂屋顶电池电厂将包含约20万块太阳能电池板，发电容量为70兆瓦。虽然它不是世界上最大的太阳能发电厂，却可能是最大的屋顶太阳能电厂。特斯拉的目标是使超级工厂百分之百地用上可再生能源。"

马斯克对太阳能屋顶的关注和推动一直没有停止。在2019年10月通过网络直播介绍公司的太阳能业务的最新进展后，2020 年 1 月 30 日，他出席了公司的 2019 年第四季度财报电话会议，并在现场回答分析师提问。马斯克说："我们确实看到了对玻璃太阳能屋顶需求的大量增长。虽然具体数字不好估计，但是需求是很大的。在北美市场，每年的订单量是 400 万个新的屋顶。"

"随着时间的推进，我预测，会有越来越多的新建筑采用太阳能屋顶。"

"其实就是一种选择，大家是想选择'死的'不生产能源的屋顶，还是'活的'可以生产能源的屋顶。我认为人们还是会选择'活的'可以生产能源的屋顶。然而，这个产品还比较新，还需要技术突破，我们需要克服很多的挑战。但是，我们能克服这些挑战，因此，太阳能屋顶会变成特斯拉的一个主要的业务。"

2021 年 12 月，马斯克在社交媒体上转发了一条链接，标题为《加入太阳能屋顶业务团队吧！》。他同时宣布："特斯拉今年将在全球拓展太阳能屋顶业务，并将很快进入中国和欧洲市场。"

随后他宣布，特斯拉在中国的公司成立特斯拉能源部门，推出产品包括特斯拉能量墙电池和太阳能屋顶系统。他还特别强调："特斯拉提供的太阳能屋顶使用砖瓦片铺设，寿命可达 25 年。用户可以通过手机 App 实时监控太阳能发电的功率，以及特斯拉能量墙的信息。"

根据马斯克的介绍，由钢化玻璃制成的太阳能屋顶瓦片非常美观，强度是标准瓦片的三倍多，而且完全不需要占额外的空间。

这么好的太阳能屋顶项目，为什么没有迅速发展起来呢？当然是有原因的。利用太阳能发电受天气影响大，有波动性，不稳定。此外，最大的障碍是成本太高。一般的家庭和企业甚至地方政府，很难承受高昂的初装费，太阳能发电的成本比常规发电成本要高不少。

根据官网数据，特斯拉太阳能屋顶的价格是每瓦 2.11 美元（约为人民币 14 元）。难怪使用特斯拉太阳能屋顶的客户反馈：适合"财务不敏感"的人群使用。

太阳能是最清洁的能源，并且是免费的，开发利用过程中不会污染环境，不会产生任何生态方面的不良影响。它又是一种再生能源，取之不尽、用之不竭。马斯克看中的正是这一点。况且，通过技术研发不断降低成本本来就是马斯克的强项。所以，虽然还"需要克服很多的挑战"，但马斯克一定会继续坚持下去。

第七章
收购推特

PART 03

　　世界上最富有的人，成功收购世界上最大的社交媒体，这固然是非常值得关注的事情。而最富有的人会怎样"重塑"最大的社交媒体，尤其值得关注。有人猜，推特将被打造成一个全球通用的金融交易平台，或者是一个类似于微信的社交平台。而马斯克想做的，只是把它打造成一个"X"……

对推特情有独钟

马斯克一直是推特最活跃的用户。一直以来，推特都是马斯克发表言论最频繁的"阵地"。有媒体统计过，马斯克从2009年6月入驻推特，截至2022年7月已经发出了超过1.7万条推文，拥有8440万粉丝。

2018年底，马斯克接受美国电视新闻杂志《60分钟》采访时，曾经很自豪地说："你用你的发型来表达个性，而我用的是推特。"

在收购推特之前，特斯拉和太空探索技术公司的官方消息就常常第一时间出现在推特上。2019年11月到2020年的2月初，他曾通过在推特上频频发布信息，推高特斯拉的股价。有网友帮他计算过："如果用同一时间段特斯拉增长的市值计算，差不多马斯克每条推文的价值是4亿美元！"难怪马斯克对推特情有独钟。

马斯克本人甚至在推特上发起投票活动，向网友征询是否应该卖出特斯拉的部分股票。

马斯克的母亲梅耶也喜欢用推特。她在自传中写道："社交媒体对我的所有工作都意义巨大。因为社交媒体，我得以和顶级模特公司国际管理集团签约，并成为史上年龄最大的'封面女郎'。我使用推特来分享营养研究和其他我感兴趣的信息，这个论坛使我获得了关于健康的话题，获得了采访和演讲机会，而我也一直都很乐于参与这些活动。社交媒体对于获取用户反馈也非常有用。当我在推特上发布自己研究工作的进展时，我的粉丝会很快让我知道他们喜欢什么、需要什么和不喜欢什么、不需要什么，这可以帮助我朝着人们感兴趣的方向努力。"

除了马斯克母子喜欢，推特也是学术界和新闻界乃至整个美国最受欢迎的社交媒体平台。

自推出以来，推特就一直是学术研究人员最开放的研究平台之一。大多数帖子都是公开的，同时推特有多种工具可以辅助人们进行独立研究。相比之下，油管等其他平台和用户共享的数据非常有限，它们的数据基本上与学术界和媒体隔绝。因此，许多针对社交媒体平台如何影响社会的研究，都集中在推特平台上。

在目前运营的所有社交媒体平台中，推特是最深耕于新闻领域的。与另一爆款社交媒体脸书相比，推特的新闻属性更强一些。虽然脸书的活跃人数是推特的 8 倍之多，但在新闻发布方面，推特更有优势。比如，现任美国总统拜登的推特官方账号粉丝为 2680 万，脸书的同名账号粉丝只有 1182 万。

因此，推特成为许多大公司以及名人"官宣"的首选，一些信息的发布时间甚至先于官网。虽然并不是所有的记者都在用推特，但是目前有大量的记者把阅读和使用推特作为他们工作的重要组成部分。

在马斯克的眼中，推特就是一个数字公共广场。在这里，每个人都有平等的发言权。

因此，马斯克决定收购推特，虽然在很多人的意料之外，但完全在情理之中。

2022年10月，马斯克在一封公开信中透露了他要买推特的原因，他说：

"收购不是为了赚更多的钱，而是为了帮助我所爱的人类。

"一个共同的数字城市广场对文明的未来很重要。在这里，人类可以健康的方式辩论各种信仰，而不是诉诸暴力。目前社交媒体容易分裂为极右翼和极左翼，从而产生更多的仇恨并分裂我们的社会，让我们失去了对话的机会，这样是很危险的！

"为了获得更高的点击率，传统媒体却在助长两极分化。推特不会成为一个人人都可以自由活动的地域，做任何事情或说任何话都需要负责。推特有望成为世界上最受尊敬的广告平台！"

"毒丸计划"没能阻止推特被收购

对推特情有独钟的马斯克，也常常会做出各种批评和评论。

2022 年 3 月 25 日，马斯克在自己的个人推特账号上组织了一次网络投票，他说："言论自由对一个正常运转的民主国家来说是至关重要的。你认为推特严格遵守了这一原则吗？欢迎大家参与投票。"他还特别强调："这次投票的结果将非常重要，请认真投票。"

两天内，200 多万名网友参与投票的结果呈现出一面倒的态势：29.6% 的人认为推特严格遵守了"言论自由原则"；而对推特在"坚持言论自由原则"方面持否定意见的人，则高达 70.4%。

27 日晚上，马斯克在推特上公布了投票结果，并写道："考虑到推特实际上是一个公共城市广场，如果不遵守言论自由原则，就从根本上破坏了民主。那么，我们应该做些什么呢？"

随后，马斯克又回复了自己的推文："是否需要一个新的社交媒体平台？"

敏感的媒体意识到，马斯克这一连串推文其实是在透露，他本人正在考虑创建一个全新的社交媒体平台。

马斯克发起这次投票活动，是带有明显的针对性和倾向性的。他曾在 2018 年发推文，说考虑让特斯拉私有化，美国证交会因此指控马斯克意图误导投资人。最后双方达成和解，但是，马斯克在发布某些推文前，必须经过特斯拉律师的审核和批准。马斯克嫌这样太麻烦，而且感觉自己的"言论自由权被践踏"。他多次请求法院终止证交会对其推文的监督，废除有关审查其推文内容的要求，都没有获得批准，因此他耿耿于怀。

2022年3月5日，俄乌冲突爆发后，马斯克在推特发布消息称："一些政府（不是乌克兰）要求星链屏蔽俄罗斯的新闻来源。除非被枪指着，否则我们不会这么做。抱歉，我坚决支持言论自由。"

有网友在回复中提醒他："俄罗斯的'新闻'资源都属于宣传资源。"

马斯克回应："所有的新闻都带有部分宣传成分，有些国家做得更过分。"

4月4日，马斯克购买了推特9.2%的股份，成为该公司最大的单一股东。当天，他在推特上组织了一次是/否投票，问粉丝："你想要一个编辑按钮吗？"

第二天，推特首席执行官帕拉格·阿格拉瓦尔宣布，马斯克将被任命为这家社交媒体公司的董事会成员。

马斯克了解到，担任董事期间和任期结束的90天里，他不得成为推特已发行普通股超过14.9%的实益拥有人，这样就防止了他取得推特控股权。

4月9日早上，马斯克给推特首席执行官发消息："我不加入董事会了。纯粹是浪费时间。我会发出推特私有化要约。"接着，他提议以每股54.2美元、相当于溢价18%的价格全现金收购推特，对推特公司估值约为434亿美元，但他没说如何支付这笔巨款。

社会各界貌似不是很看好马斯克的收购提议，推特股价收跌1.7%。专业人士评论说："被寻求溢价收购的标的股价反而下跌，这种情况并不常见。"这说明投资者对此保持高度怀疑。

持有5.2%股份的推特知名大股东沙特王子表示，他认为马斯克的收购价并未接近推特的内在价值，并拒绝这一收购提议。

4月12日，推特投资者马克·拉塞拉对马斯克提起诉讼，称他未能及时披露收购9.2%股份的消息。

马斯克意识到，很难确定自己是不是能够成功收购推特。第二天，他向美国证交会提交了文件，宣布他打算以每股52.4美元的价格收购推特100%的股份。他威胁说，如果他的出价不被接受，他将抛售所持9.2%的股份，这实际上会导致公司股价暴跌。他说："如果交易不成功，鉴于我对推特管理层没有信心，也不相信我可以推动必要的变革，我将需要重新考虑自己作为股东的立场。推特具有非凡的潜力。我要把它打开。"

在宣布收购的声明中，马斯克重申了他之前在推特上的许多评论，并表示："言论自由是民主运作的基石，推特是一个数字城市广场，在这里人们可以讨论对人类未来至关重要的问题。我还想让推特变得比以往任何时候都好，为产品添加一些新的功能。"

为了阻止马斯克的收购意图，4月15日，推特董事会制订了一项"毒丸计划"。推特公司宣布,在收到对方公司的收购要约后,公司董事会一致通过一项有期限的保障股东权利计划。

"毒丸计划"是上市公司董事会为防止恶意收购、稀释股份而采取的防御措施。根据这项计划,马斯克以外的现有推特股东可以以折扣价购买额外的股份,从而"稀释"马斯克手中的推特股份,使他的收购计划更难获得多数股东的支持。

对此马斯克也不甘示弱。他还是决定坚持下去,而不是放弃收购。他公开表示,愿意投入 100 亿~150 亿美元的自有现金来竞购推特,其余部分款项将采用融资的办法,并计划将在10 天内对推特发起收购要约。

4 月 24 日,马斯克继续和推特董事会进行谈判。

一年前刚刚接班担任首席执行官的帕拉格·阿格拉瓦尔告诉他的员工,推特公司并没有被马斯克的提议"挟持"。

在决定购买推特股票的消息公开后的一天晚上,马斯克曾给阿格拉瓦尔打电话,约他在 3 月 31 日秘密会面共进晚餐。事后马斯克私下评论说:"他是一个非常好的人。但是,管理者不应以讨人喜欢为目标。一个真正的好人不适合当首席执行官。推特需要的是一条喷火龙,而不是阿格拉瓦尔那样的'好人'。"马斯克接管推特,正式掌权后,首先就裁掉了这个阿格拉瓦尔。这是半年后才发生的事。

而此时,马斯克只能恨恨地表示:一旦成功收购推特,将取消推特董事会成员的工资,一年可省下 300 万美元。

他拿着一个水槽走进了推特总部

马斯克开始紧张地寻找能为收购提供资金的外部投资者。他的弟弟金巴尔没有提供一分钱，倒是"甲骨文"创始人拉里·埃里森拿出了 10 亿美元。

加密货币交易平台 FTX 的创始人山姆·班克曼·福瑞德本想投入 50 亿美元，但是在和马斯克进行沟通时出现了摩擦，福瑞德最终并没有投资。

不管怎么说，马斯克成功筹集了所需的全部资金。

2022 年 4 月 25 日，推特宣布已与马斯克达成最终协议，马斯克全资持有的实体将以每股 54.2 美元现金收购推特，交易总价约为 440 亿美元。敲定价格后，这起收购并没有顺利进行，反而差点儿泡汤。

7 月初，马斯克发现推特在用户规模方面造假，推特声称其日活跃用户达到 2.38 亿，但其平台实际看到广告的用户却低于 6500 万，且大多数广告只向不到 1600 万用户展示。于是，他宣布终止并购交易。

7 月 10 日，马斯克在推特上发布了 4 张一组的网络梗图。对应的文字依次是："他们说我不能买推特，接着他们不愿透露有关推特上的机器人账号信息，现在他们想在法庭上强迫我收购推特，现在他们必须在法庭上透露机器人的相关信息。"这条推特很快获得数十万点赞。

两天后，推特正式起诉马斯克，要求他以先前的报价继续完成收购。因为"马斯克没有为这些指控提出任何证据"。马斯克随后对推特提出了反诉。

10月6日，美国当地法院裁定，马斯克必须在美国东部时间10月28日17时前完成这宗并购交易，否则将于11月开庭审理。马斯克没有退路了，收购势在必行。

预定完成推特交易的前一天（10月25日），马斯克飞往得克萨斯州南部的星港火箭发射场。他参加了关于重新设计猛禽发动机的例行夜间会议，并用了一个多小时的时间来思考如何处理不明原因的甲烷泄漏问题。推特的新闻是全世界最热门的话题，但太空探索技术公司的工程师知道马斯克喜欢专注于手头的任务，所以没有人提及这一点。然后，他在布朗斯维尔的一家路边咖啡馆遇到了弟弟金巴尔，当地的音乐家正在演奏。他们一直待到凌晨2点，坐在演奏台前的一张桌子旁，只是听音乐。

2022年10月26日，在将自己的个人简介改为"推特老板"后，作为公开宣布收购推特公司交易完成的重要仪式，马斯克开玩笑地拿着一个水槽走进了推特总部。他在推特上分享了自己走进大楼的视频，并用sink（有"水槽""下沉"等多重意思）一词玩了一个梗："Let that sink in。"表面意思是：让它下沉进去。言外之意："深入思考，你才能很好地理解（我在干什

么)。"更简明的表达是："让子弹飞一会儿！"或"走着瞧！"

马斯克用自己特有的方式向世界宣告：我已经完成对推特的收购，你们过一阵才能意识到这具有多么重大的意义。那时候，你们会大吃一惊的！

马斯克或许还想表达的是，不仅对推特的收购完成会令世人大吃一惊，还有他接下来的"深化改革"……

所有的人都有权利成为蓝 V

在马斯克付出的 440 亿美元之中，大约 140 亿美元来自摩根士丹利等银行的贷款，50 亿至 70 亿美元来自股权投资者，剩下的全部由马斯克承担。马斯克是一个生意人，他收购推特不是做慈善事业，是要赚钱的。因此，马斯克必须认真考虑推特如何才能实现持续盈利的问题。

在推特被收购前的收入中，广告是绝对大头，占 90% 左右。但自 2022 年以来，美国通胀率持续在 8% 左右的高位徘徊，消费者购买意愿下降，广告商的投放也不断调低。

根据 2022 年 7 月推特发布的二季度财报，公司收入 11.8 亿美元，环比下降 1.6%，同比下降 1%，净亏损 2.7 亿美元。

面对这种严峻的财务状况，马斯克一接手就意识到，必须努力控制成本。他计划让推特的盈利模式更加多元化，摆脱主要依靠广告收入的现状。

为了增加收入，马斯克首先想到的办法是针对公众人物、公司和组织的推特账号推行认证服务，认证通过后，推特会给认证用户加上蓝色标志。

2022 年 10 月 31 日，美国科技媒体网站报道：马斯克的第一个大动作可能是对所有推特蓝 V 认证用户收取每月约 20 美元的费用。

显然，有些人不欢迎这一新政策。美国知名作家斯蒂芬·金当天立即在推特发文："要每个月支付 20 美元才能保留我的蓝 V 认证吗？他们应该付钱给我。如果真的实施这一政策，我就离开推特。"

第二天，也就是 11 月 1 日，马斯克正式宣布："我们需要以某种方式支付账单！推特不能完全依赖广告商，每月 8 美元怎么样？"

马斯克解释说，蓝 V 认证通常提供给知名人士或有影响力的个人和组织，用来证明他们的身份。它已经被用来作为标志，表明个人资料是真实的。这些付费用户将在回复和搜索功能上拥有优先权，广告数量也将减少一半。他强调说："这是打败垃圾邮件 / 诈骗的关键。"

虽然比此前公布的价格大幅降低，但是仍有很多人表示不满。

看了马斯克宣布的消息，加州大学戴维斯分校的政治学研究生亚历克斯·科恩立即在推特上表达了不满："如果我可以在我的名字旁边免费放一只老鼠，我为什么还要花 8 美元来得到一个蓝色认证图标？我呼吁大家和我一起成为'# 老鼠验证者'。"随后，他在自己的推特账号的显示名中添加了一个老鼠的图标。很快，这条推特被点赞超 14 万次，转发超过 1.8 万次，以致引发了美国《纽约时报》的关注和报道。

11 月 5 日，马斯克用一句话回应批评和争议："你可以整天骂我，但是你得交 8 美元。"

稍后他又发了一条推特进行解释："这是收购推特后开展变革的一部分。蓝 V 认证徽章之前只为政治人物、名人、记者和其他公众人物预留，但在推出订阅服务后，任何人都可以付费获得。权利属于人民！8 美元的认证费用能让所有的人都有权利成为蓝 V！"

马斯克还发了一张对比漫画，配的文字是：8 美元一杯的星巴克能喝 30 分钟，8 美元的蓝标认证可以持续 30 天。

有人跟帖留言：星巴克之前可不是免费的。

由于最近听到太多抱怨，马斯克自嘲性地把自己的推特自我介绍从"推特老板"改成了"推特投诉热线接线员"，头像也变成一个接电话的小朋友。

真正实施收费制度后，许多名人的蓝色标志被撤销了，一些美国官方机构的账号都变为了"灰勾勾"。但有人发现 NBA 湖人队球星勒布朗·詹姆斯依旧拥有表示认证过的"蓝勾勾"，而詹姆斯和知名作家史蒂芬·金一样，曾明确表示不会花钱购买蓝勾勾认证。

这一消息曝光后，马斯克轻松地承认："我确实主动为一些人支付了验证费用。除了詹姆斯，还有资深演员威廉·夏特纳和小说家史蒂芬·金。"不过，马斯克并没有解释为什么只会帮这三位出钱。

随即，这一事件引起了广泛热议。有网友认为马斯克只是喜欢 NBA，喜欢史蒂芬·金的小说和夏特纳的表演。这种分析也有一定的道理，马斯克肯定会喜欢夏特纳的"星舰"系列电视剧和根据电视剧拍摄的系列电影《星舰迷航记》六部曲，至于史蒂芬·金和他的奇幻恐怖小说，就更不用说了。

有网友表示，马斯克还是懂流量的，毕竟像詹姆斯这样的超级巨星在全世界范围内拥有着无数的粉丝，他当然不会漠视这一大波流量。

对订阅用户来说，最吸引人的似乎是账户旁边的蓝色认证标记和算法优化功能。订阅者可以享受到广告量减半、上传较长的视频以及根据内容质量排列推文等服务。所以，不到半年的时间，有 64 万用户付费订阅了蓝 V 认证服务。

有媒体评论说："世界首富马斯克似乎急于将推特打造成一棵摇钱树。"

裁员——奋斗或者离职选一个

正式接管推特后，马斯克立即要求员工停止在家工作，返回公司岗位。

2022年11月3日，马斯克以内部电子邮件的形式通知员工将要裁员，当时并没有明说哪些员工会被裁，也没有提到裁员幅度，只是让员工等待4日上午9点"是否可以继续留下工作"的通知。

11月4日正式做出了裁员决定，但是并未公布被裁员工的具体名单。此后大家才知道，大约3700名员工被解雇了，差不多是原公司员工总数7500名的一半。不少人是在无法再使用笔记本电脑时，才发现自己被裁掉了。

有媒体报道，在裁员的过程中，马斯克派出了一个秘密调查小组，仔细检查员工在聊天群的言论，解雇了那些批评他的人。

11月16日午夜时分，马斯克突然通过邮件向裁员后剩下的近4000名全体员工发出指示：

"接下来，我们要开发一个跨时代的推特2.0版本，在这个竞争日趋激烈的世界获得优势，这将意味着长时间的高强度工作。为了实现这一目标，我们必须成为斗志最坚定的核心成员。今后，在推特公司里，只有表现出色的人才能留下来。如果愿意接受挑战，明天下午5点之前请在下面的表格上点'是'。否则，就可以到财务部领取相当于3个月工资的离职费了。"

一位推特公司的员工在马斯克的电子邮件之后回复道："我不想为一个在我每周工作60～70个小时的时候，仍多次通过电子邮件威胁我的人工作。"

第二天，大约有500名员工写了辞职信。马斯克完全没料到会有这么多人辞职。他开始召集一些关键岗位的员工开会，努力说服他们留下来。他还表示允许他们在家办公，只要他们的经理能保证他们积极工作。但是，马斯克努力挽留员工的效果不是很明显，还是有很多人决定离开。

马斯克裁员遇到了挫折，完全没有取得预期的效果。就连刚刚进行了大裁员的扎克伯格都表示："至少我们不像马斯克那样把推特搞得那么糟。"

甚至有不太知名的媒体报道，已经有很多员工觉得马斯克这套做法是违法的，开始找劳动法律师了。毕竟，在以开放、自由、灵活和宽松的工作环境著称的硅谷，这种"奋斗或者离职选一个"的情况是很少见的。

根据媒体的统计，这一轮自动离职的推特员工规模在1200人以上。

随着推特员工离职风波越闹越大，不少网友开始以各种方式调侃推特，笑话和梗图源源不绝。有位推特员工调侃：在公司做了这么多年，总算有一条自己的推文"火"了……

马斯克自己也忍不住跟着一起玩梗："如果推特没了，可以到热门游戏的聊天室来找我。"这条推文当天被点赞 160 万次。

11 月 18 日一早，马斯克在推特上发问："接下来该怎么办？"

11 月 21 日，马斯克召开了推特全体员工大会，他当众宣布："裁员已经结束了，我已决定为推特寻找新员工。公司正在积极招聘工程和销售方面的人员，欢迎大家踊跃推荐。"

很快，有媒体注意到，推特的招聘人员已经在联系工程师，要求他们加入"推特 2.0 ——一家埃隆·马斯克的公司"。

即将告别推特标志"蓝色小鸟"

2023 年 6 月 30 日，有用户抱怨说，推特现在不允许任何未登录的游客查看内容。7 月 1 日是周六，突然有上万名用户说网站一直卡死，自己登录了也上不去，再登上的时候就收到一个通知：

"抱歉，您的速率受到限制。请稍等片刻，然后重试。"

很快，速率受限、推特炸了等标签就冲上了推特"趋势搜索"热榜，并且在前两名挂了好久。

在实施"限流"之前，推特并没有发出任何声明或警告，一句通知和解释都没有，就这么直接实施了。没人知道到底是网站出了故障，还是马斯克又突发奇想搞出来了新决策。

两天后，马斯克才出面解释说："这样做只是临时的紧急举措。推特的数据正在被几百个组织疯狂掠夺，导致正常用户的体验受到了影响。我们不得已才采取了必要的应对措施。"为稳定局势，马斯克随后又进一步宣布了应对措施的具体内容，即限制用户每天能看的帖子量：

认证的蓝 V，每天 6000 条，基本不会受影响；

普通用户 600 条；

新注册的账户 300 条。

这个政策一出，网友顿时开始热议，有人骂："推特这样做，就是为了推销会员，真不要脸。""现在推特只认钱了是吧？""马斯克把这个 App 毁了。"

被网友骂了一天之后，马斯克把用户的"配额"上调了两次：先是到 8000/800/400，随后提高到了 10000/1000/500。

实际上，这只是马斯克试图"彻底摆脱推特过去的形象"的开始。

7 月 8 日，马斯克发布推文表示，将废除推特圈子功能，转而支持改进的社区沟通和私信群聊功能。此前的 6 月中旬，马斯克就宣布：为了"减少垃圾信息"，推特将禁止未付费用户向非好友发送私信。这一举措被外界视为是在诱导用户使用付费认证服务。

更让大家感到意外的还在后头——7 月 23 日，马斯克在自己的平台推特上发布了一条令人震惊的消息："很快，我们将告别推特这个品牌，并逐渐告别所有的鸟类。我们将用 X 来代表我们的愿景和使命，打造一个全球性的数字城市广场，让人们可以自由地交流、创造、支付和探索。"

简单地说，推特的标志将要从著名的蓝色小鸟改为"X"。马斯克说："蓝色小鸟象征着：140 个字的短推文，像小鸟鸣叫一般把信息到处传递。如今推特即将开拓各项金融服务，推特的名字在这种情况下已经没有任何意义，所以我们必须告别这只小鸟。"

有个账号 ID 叫作"X"的网友，2007 年就注册了推特，一直用得好好的，突然被马斯克给强行收回了。马斯克说："以后'X'这个名字只能代表官方，虽然你的名字用了十几年……"

马斯克收购并改名推特，是为了实现他 1999 年最初为 X.com 设想的平台。他说："推特和小蓝鸟已经没有意义了，未来几个月将增加全面沟通和处理整个金融世界的能力。"他希望将推特变成一个集社交、金融、娱乐、教育等功能于一体的超级应用程序。他还计划利用自己旗下的太空探索技术公司和星链等公司，为推特提供更快速、更安全、更广泛的网络服务。

看起来，马斯克想做的不是一个简单的社交平台，不是另一款微信，而是一个集合各种信息、服务和应用，可以实现万物互联的万能平台。

把推特打造成公共城市广场

2023 年 5 月 19 日，美国南卡罗来纳州共和党参议员、非洲裔的蒂姆·斯科特向联邦选举委员会提交了文件，申请参加 2024 年总统竞选，并在 3 天后正式宣布将参加 2024 年美国总统大选。

5 月 25 日，马斯克参加了推特直播语音聊天室的相关话题活动。

主持人问："在过去的几天里，您一直在推特上发布一些蒂姆·斯科特的东西。我们应该如何考虑您支持的人？您能告诉我们你现在在想什么吗？"

马斯克回答说："我现在不打算支持任何特定的候选人。但我感兴趣的是，你知道，推特有点儿像一个公共城市广场，一个适合越来越多的组织托管内容和发布公告的地方。它是网上唯一可以真正获得实时消息的地方，比如精确到分秒的新闻。所以，我认为在社交媒体上发布此类重大公告是非常具有开创性的。"

主持人试图把"顾左右而言他"的马斯克拉回自己所感兴趣的话题，就接着说："抱歉，我不想就这个话题扯得太远。在您所说的'公共城市广场',你会采访其他候选人吗,比如民主党候选人?"

马斯克说:"当然会。我在进行一系列媒体采访时,会包括所有的党派,包括左派、温和派,也包括被认为是右派的。我确实认为推特很重要,这是一个拥有公平竞争环境的表达和倾听场所,一个可以听到所有声音的地方,一个可以进行实时互动的地方,很难找到比这里更好的其他地方。抱持不同政治立场的人在推特上发生争执,无论我们支持哪一方,都会觉得这非常有趣。"

一见马斯克又"跑偏"到赞美和推销推特的轨道上,主持人继续努力往回"拽"他:"我们之所以要采访您,就是因为这是一场非常重要的选举,所以,请您不要跑题。请谈谈关键问题:就您个人而言,或者更广泛地说,从国家和您的企业角度来看,您觉得谁来领导这个国家更合适?"

马斯克说:"好吧,实际上我已经公开说过,我的偏好和大多数美国人的偏好是一致的。我的希望实际上就是:让一个相对正常的人当选。那样我们大家都会更满意些。"

虽然这次马斯克没把话题扯到为推特公司做宣传上,但主持人还是不太满意,于是,步步紧逼:"请看大屏幕,我们给出四个候选人的名字,您看哪个是'相对正常的'?请在前面打上'√号'。你会不会选乔·拜登?"

马斯克采取回避的态度:"这种问题我怎敢轻易回答?也许我需要先喝几杯,喝醉了才能说出来。"说着,他大笑起来。

"这……"口齿伶俐的主持人也不好就这个话题再追问下去了，只好改变话题。

马斯克应对比较敏感的话题已经有了丰富的经验，他不轻易透露自己的政治倾向，但是毫不掩饰自己想把推特做大做强的愿望。主持人没有套出自己想知道的答案，而在这次公开访谈中，马斯克不止一次清晰地表达出了对推特公司未来发展方向的构想：希望它成为"一个公共城市广场"。

马斯克与扎克伯格之间的"格斗"

2014 年，扎克伯格邀请马斯克到他家里吃饭。扎克伯格原本希望说服马斯克一起研发人工智能，但是马斯克坚持强调人工智能是有风险的。两人就这个问题展开了争论，最后不欢而散。

扎克伯格的公司曾委托太空探索技术公司发射一颗卫星，结果失败了，卫星在发射过程中爆炸。扎克伯格对此非常生气，并公开表达了对马斯克的失望。

虽然马斯克为此公开道歉，但是这次事件并没有消除扎克伯格的不快和两人之间的不和。

当英国一家咨询公司在未经用户同意的前提下通过脸书收集数百万用户信息被曝光时，虽然扎克伯格坚称他们没有参与其中，但是，马斯克在推特上对扎克伯格进行了严厉抨击：
"脸书几乎垄断了全世界的社交媒体，拥有数十亿人的资料。
我真担心扎克伯格可能会将这些信息卖掉。"

马斯克不仅持续在推特上抨击扎克伯格，还删除了特斯拉
和太空探索技术公司的脸书页面，开始只使用推特。他每天在
推特上发布多条消息，并时不时地取笑扎克伯格。很快，马斯
克在推特上拥有了几千万的粉丝。

2021 年 10 月 28 日，脸书首席执行官扎克伯格在脸书
互联大会上宣布，脸书将更名为"Meta"，来源于"元宇宙"
（Metaverse），意思是"包含万物，无所不联"。脸书坚定地希望
甩掉问世以来就牢牢被贴在身上的"社交媒体"的标签，Meta
将要成为元宇宙的领导者。

马斯克在推特上嘲笑称 Meta 听起来像是"恶魔教派"。

两人之间矛盾越来越激烈的主要原因，还在于他们在社交
媒体领域的业务有重叠，存在着商业竞争关系。

2022 年 10 月马斯克收购推特并进行多方面的改革后，扎
克伯格不断地寻找"吐槽点"，不时地批评一番。2023 年 6 月，
扎克伯格披露，Meta 将要推出推特的直接竞争品，要打造一个
"有理智的推特"。

在这条推文评论区，马斯克指名道姓地进行了嘲讽："我
敢肯定，扎克伯格想要迫不及待地完全掌控地球，没有其他
选择。"

随后在网友互动中，有用户 @ 马斯克说："最好小心点儿，

我听说他现在会柔术了。"

马斯克马上在推特上回复："如果他愿意，我准备和他来一场格斗赛，哈哈哈。"

扎克伯格在 IG（社交平台）上发布马斯克推文截图，配文："把地址发我。"

马斯克趁机将事件推向高潮，他发出了简明的推特："拉斯维加斯，八角笼。"

八角笼格斗赛是世界上最血腥、最残酷的格斗运动之一，两名参赛对手要在一个八角形的围笼里进行格斗，使用没有任何限制的打斗招数，直至将对手打倒认输为止。

值得注意的是，两人隔空在网上吵架，言辞激烈，但是头脑都保持清醒，都选择了自家平台隔空对战，绝不给对家增加一丝流量。

网友看得非常开心。看热闹不嫌事大的各界网友不断怂恿他们两个人动手。

终极格斗冠军赛的主席达纳·怀特对媒体说："我们愿意给他们两个人搞一场门票 100 美元的收费比赛活动。"意大利的文化部长则联系扎克伯格，提议两人到罗马斗兽场对决；博彩公司也下了赌注……

只有一个人公开表示不希望格斗发生，那就是马斯克的母亲梅耶。她在推特发文："比赛已经取消了，是我决定取消的，还没有告诉他们，以防万一。"她还给出了自己的建议，马斯克和扎克伯格两人可以"文斗"，也就是分别坐在距离 4 英尺以上的凳子上回答问题，谁最有趣，谁赢。

梅耶看似完全是为了制止流血冲突，态度中立，实则带了鲜明的立场，她是在自己儿子的商业平台上发的声，也算是用自己独特的方式给儿子助威。

马斯克害怕事件降温，粉丝流失，他"态度坚决"地表示："妈，别插手，我要跟他决斗。"

这一来一回，直接轰动全网，还没开始动手，双方都得到了好处，都吸引流量，在无形中分散了大家对当时他们各自负面新闻的注意力。

很多网友都在预测马斯克和扎克伯格的"格斗"会不会开始。实际上，这种"格斗"不是一直在进行吗？

无论马斯克和扎克伯格的争端结果如何，或许没有结果就是最好的结果，反正他们的创意和张扬的个性都得到了充分的展示。他们都吸引了更多的粉丝关注，都成了社交媒体平台上的赢家。一场口水战，隔空喊几句话，被看个热闹也没什么损失，但是广告宣传效应却是不容置疑的。

创新需要各种不同观点的交锋，科技界也需要马斯克这种个性张扬的"怪才"来推动其发展。

推特未来是会毁在马斯克手中，还是会被发扬光大？现在还没有人知道确切的答案。

第八章
改变世界

PART 08

　　从创业开始，甚至还在上学的时候，马斯克就一直在想：什么是最有可能影响人类未来的因素？而不是考虑：什么是最好的赚钱方法？他说："如果我纯粹是想多赚点儿钱，我不会选择这些企业，而是会考虑房地产、金融业，或者石油业。""我一直有种存在的危机感，很想找出生命的意义何在、万物存在的目的是什么。""对我来说，我要做的是有意义的事情，尽我所能使这个世界变得更加美好，这是我想做的事情。"

尝试做一些有用的事

2020 年 12 月 23 日，一名特斯拉的投资者曾向马斯克提议，将他旗下所有公司——特斯拉、太空探索技术公司、神经科技和脑机接口公司以及无聊隧道挖掘公司等合并，成立一家名为"X"的母公司，以"确保人类生存和进步"。

马斯克回复说："好主意。"

2021 年底，马斯克应邀与视频网站"油管"主播、知名科技大 V 莱克斯·弗里德曼进行了一场长达两个半小时的深度对话，话题涉及太空探索技术公司的载人飞船、猛禽火箭、移民火星、自动驾驶工程、机器人等。马斯克在对话中的很多表述，非常值得我们品味。

弗里德曼问："对于那些想要做一些大事的年轻人，你会给他们什么建议？"

马斯克回答说："尝试做一些有用的事，做对同胞、对世界有用的事情。随时思考你贡献的比你消耗的多吗？要努力为社会做出积极的贡献，我认为这就是目标。"

弗里德曼又问："对于教育和自我教育，你有什么建议？如何变得有用，产生更多积极影响？"

马斯克回答说："我鼓励人们阅读大量书籍，尽可能多地吸收信息。你至少对知识结构有一个大致的了解，可以尝试了解很多东西，因为你可能不知道自己感兴趣的是什么。你可以广泛地探索，和不同的人交谈，了解各行各业，喜欢什么职业就去尝试。尽可能地多学习，寻找意义。多阅读和尝试，找到和你的才能相匹配的事情去做。"

在其他场合，马斯克还曾明确表示："对我来说，我要做的是有意义的事情，尽我所能使这个世界变得更加美好，这就是我想做的事情。"

很多企业家心里想的和嘴里讲的，通常都是怎么赚钱，怎么能更快地赚钱，怎么能赚更多的钱。但马斯克想的是："这事值不值得做，该不该做？"他特别喜欢说这样三句话——

第一句："优秀企业应该有超越利润之上的追求。"

第二句："当某事足够重要，你就去做它，即使胜算不大。"

第三句："我想改变世界，希望能够尽我的努力，创立一个新世界，使人们享受生活，为此，我不介意冒险。我希望我做的事，能对人的生活起着深远的影响。要么不做，要做就做历史性的。"

2021年12月13日，马斯克被美国《时代》周刊评为"2021年度人物"。当时主编写的评语是："很少有人比马斯克对地球上的生命产生更大的影响，并且还可能影响到地球外的生命。"

《时代》周刊在封面文章中这样描述马斯克："他是地球上最富有的人，但他没有一处地产，近期还在大举抛售股票。他将卫星送入太空，他充分利用太阳能，他创造的汽车不仅不用汽油，甚至连司机都几乎可以不用。他一句话就能说得股市上蹿下跳。他有大批追随者，把他的每句话都当作至理名言。他驰骋地球，向往火星，百折不挠，志在必得。"

开启能源革命的新赛道

在当今世界，能源问题日益成为人们关注的焦点之一。人类对于能源的需求不断增长，而传统能源的使用也带来了环境问题。马斯克用自己的行动，推动着能源革命。

为了应对气候变化，汽车产业迫切需要开展能源变革，但先前传统制造商对利益体系的把持导致能源变革被一拖再拖。金融危机使得"汽车之城"底特律与传统汽车制造企业摇摇欲坠，为特斯拉开展能源革命提供了机遇。

2009 年，特斯拉获得美国能源部 4.65 亿美元贷款；2010年 4 月，特斯拉以 4200 万美元收购丰田和通用汽车位于弗里蒙特的汽车制造工厂。自此，特斯拉开拓了自主能源革命的新赛道。

随着产业场景显现，加之用户认可、政策引导，新兴造车势力快速崛起，传统制造商思维的转变，都为特斯拉进行技术创新、降低成本及拓展应用市场奠定了良好的基础。

马斯克一直以来都对可持续能源和环保事业充满热情，他将这种热情转化为特斯拉的使命。特斯拉的电动汽车不仅具有卓越的性能，还以零排放、高效利用能源等特点成了未来出行的主要趋势。马斯克的愿景是推动人类用电动汽车代替传统燃油车，以减少对环境的影响，实现可持续发展。特斯拉公司不仅仅是一家制造电动汽车的公司，更是能源革命的引领者，将世界引向了可持续发展的道路上。

2023 年 10 月，马斯克发布了一则重磅信息，他的公司即将推出一款具有颠覆性的新型电池——核钻石电池。这款电池的能量密度极高，且充电速度极快。这意味着用户在使用核钻石电池时，无须长时间等待，几分钟内就能完成一次充电，更好地满足电动汽车、家用电器和工业设备的能源需求，使得电动汽车的使用范围不再局限于城市代步。

一旦这种产品成功上市，将彻底改变全球能源市场的格局，引领能源领域进入一个全新的时代。这一创新技术将为全球能源领域带来革命性的变革，彻底改变人们对电池的认知。

马斯克一直致力于推动科技与环保领域的改革，他的太阳能城市项目为全球能源危机和气候变化问题提供了解决方案。他的影响力超越了商业界，已经深入到社会的各个角落。

马斯克的雄心壮志和激情激发了全球范围内的探索精神，使得太空探索不再是遥不可及的梦想。人们对未来的发展也更加乐观和充满期许。而为了改变世界，马斯克想做的事情还很多……

把人脑和电脑融合在一起

2016 年夏天，马斯克创办了神经科技和脑机接口公司，主要研究脑机互联。也就是将芯片植入大脑，把人脑和计算机系统融合在一起。

马斯克之所以要搞脑机互联，主要是源于对人工智能的担心和恐惧。他说："人工智能发展到一定阶段，一定会出现超人工智能的。超人工智能会比人类聪明千倍万倍，如果有一天它们失控，对人类来说就是致命的。怎样才能避免悲剧的发生？最好的方式就是：我们变为人工智能，实现人与人工智能的共生。脑机互联不仅能让人类变强大，还能治愈人类多种脑部疾病。"

2021 年 11 月 28 日上午，脑机接口公司放出了一段超过 3 分钟的视频，展示了一只 9 岁的猴子用意念玩电子乒乓球游戏。这只猴子的颅骨被植入了一颗芯片，能无线充电。猴子的外表看不出来任何异常。

马斯克为此连发 6 条推文，说脑机接口公司的第一款产品，将能使截瘫患者用智能手机的速度比有手指的人更快。后续版本还能将信号从大脑中的神经连接分流到身体运动 / 感觉神经元簇中的神经连接，使得截瘫患者能再次行走。

马斯克还发文称："很快我们的猴子就会出现在各种游戏视频网站上，哈哈。"

视频发布后，引发了人们对脑机接口技术的广泛关注和讨论。

脑机接口是一种技术，它将计算机与人类大脑相连接。这个接口可以双向工作，既能够从大脑接受信息，也能够将信息传输回大脑。脑机接口已经在多个领域取得了突破，包括医疗、军事、娱乐。

比如，在医疗领域，脑机接口已经被用于帮助脑损伤或神经系统疾病的患者。通过植入电极或芯片，这些患者可以重获一些运动或感觉能力，提高他们的生活质量。

目前，脑机接口公司已经在脑中的芯片、线性电极和外部设备等方面取得了突破性进展。

脑机接口技术的应用前景非常广泛，包括帮助治疗癫痫、抑郁症、帕金森病等神经系统疾病，它还有望帮助残疾人重获运动或感觉能力等。

最神奇的是，这个技术实现后，能完成记忆移植，让我们在短时间内拥有大量的知识和技能，获得一般人类无法拥有的超能力。

现在，有学者已经发现大脑海马体的记忆密码，开始尝试用芯片备份记忆，然后把芯片植入另一个大脑，实现记忆移植。这个实验已经在猴子身上取得成功。一旦成功应用到人类身上，人类掌握知识和信息的方式，将会发生革命性的变革，比如通过将一个芯片植入大脑，瞬间你就能掌握英语、德语、法语等任何你感兴趣的语言。

如果马斯克在这项科技方面取得实质性的突破，我们的生活将会发生天翻地覆的变化。

不想再有惨重车祸发生

2021 年 8 月 1 日，一位挪威网友在推特上分享了一段视频，内容是一名来自挪威的特斯拉 Model S 车主在醉酒昏迷的状态下驾驶汽车的情景，所幸的是无人伤亡，该车的自动辅助驾驶系统当时是处于启动的状态，而后车辆逐渐减速并在安全地带停下。

随后，马斯克也转发了这段视频，并与大家分享了最初开发自动辅助驾驶系统的一些细节。特斯拉汽车上配备有自动辅助驾驶系统，采用先进的通信、计算机、网络和控制技术，在车辆行驶过程中可实现实时、连续控制，并且可以通过软件升级，使自动辅助驾驶系统不断完善功能，持续提高车辆的安全性。他说，开发自动辅助驾驶系统并不断升级，就是为了避免发生惨重的道路交通事故。

此前马斯克就在推特上披露过一些数据："在 2021 年第一季度中，在使用自动辅助驾驶系统的特斯拉驾驶员中，平均每行驶 260 万千米就会发生一起事故。而美国高速公路安全管理局发布的同期数据显示，在美国每行驶 30 万英里就会发生一起事故。相比之下，使用特斯拉自动辅助驾驶系统的事故率降低了 90%。"

不容忽视的是，安全问题一直是自动驾驶中大家最关心的问题。

2018 年 3 月，优步自动驾驶汽车因为传感系统发生故障，无法正确判断道路情况，在美国造成了全球首例致路人死亡事件。引发了人们对自动驾驶安全问题的关注和议论。

有批评者认为，自动驾驶行业正在强行推广未经过完全测试的技术，这是利欲熏心的荒唐行为。而支持者则说，死亡是人类探索新技术过程中不可避免的一部分，虽然艰难但是不能停止。

马斯克表示："我认为，这个世界上没有任何其他首席执行官比我更关心安全问题。"然而，自 2018 年以来，特斯拉自动驾驶技术也至少卷入了 10 起事故，有些特斯拉司机甚至提起了诉讼。

在接受采访时，马斯克指出："当我们开始开发自动驾驶技术的时候，有人对我说过这样一句话：即使你拯救了 90% 的生命，也会因你没有拯救的 10% 的人而被起诉。我认为这是那种你拯救生命却不一定会得到回报的事情，但你肯定会因为没有拯救生命而受到指责。"同时，他还强调，他看到特斯拉的自动驾驶能力每个月都在提高。

虽然特斯拉开发出的自动驾驶系统曾经引发过交通事故，但马斯克仍保持乐观态度。他说："自动驾驶汽车永远不会做到完美，因为这个世界本来就没有完美的东西。不过从长远来看，自动驾驶能够让交通事故发生的概率减少。"

目前，自动辅助驾驶系统的出现确实能够在一定的程度上减轻司机在驾驶中的疲惫感，但系统也并不是万能的，尤其是在现阶段还不能完全依赖它。

马斯克在推特上已经明确了："特斯拉自动驾驶开发的初衷是：不让惨重车祸发生！"

打造机器人的未来

2023年9月底，特斯拉发布了一段时长1分17秒的视频，通过"擎天柱"能够完成的几个动作，展示了人形机器人"擎天柱"的视觉感知及运动控制方面的进化。很多细心的网友注意到，"擎天柱"在拾放物体的时候，头部居然没有任何明显的调整，手灵巧得像是以日常习惯的动作完成抓取和摆放。

马斯克对视频的评论是："有进展！"

"擎天柱"是美国、日本动画《变形金刚》及其衍生作品中的角色。他是电影版《变形金刚》中汽车人的领袖，因具有正直、强壮、博爱、善良、亲和、顾全大局、喜怒不形于色等领袖特质而深入人心。擎天柱发出的"自由是一切有感知生命的权利""为自由而战"的呐喊，非常符合马斯克的价值观。因此，他用"擎天柱"这个名字来命名自己的人形机器人。

的确，马斯克的擎天柱的进展是非常明显的。2021 年 8 月的首届特斯拉人工智能日，这款机器人第一次在公众面前亮相的时候，还只是配合马斯克十分钟演讲的几张概念图，那时候主要展示的是它的大脑 Dojo 超级计算机。

从字面意思来看，Dojo 意为"道场，武馆"，这也符合它的意义——特斯拉为人工智能打造的修行场。

马斯克介绍说："Dojo 的意义主要是处理大量视频数据，以支撑特斯拉的自动驾驶业务以及自动驾驶系统的升级迭代。除了自动驾驶，它还可以为擎天柱提供算力支持，将应用边界拓展至机器人领域。"

当时有媒体评论说，Dojo 让特斯拉从"汽车公司"还是"科技公司"的争议中彻底走出，充分证明了这是一家科技公司。

2022 年 9 月 30 日举行的第二个特斯拉人工智能日，擎天柱露面的时候，外形已经相对完备了，并且已经能够在台上向观众招手致意。然而，它是由 3 名工作人员抬着上场的。

马斯克介绍说："这款机器人身高 172 厘米，能以 8 千米 / 时的速度移动，并拥有媲美人类的手和工作能力。"

谈到技术细节，马斯克如数家珍："擎天柱的大脑将采用特斯拉的超级计算机系统 Dojo，拥有超强的计算能力；视觉感知系统主要基于特斯拉 FSD 的计算机模组和方案，面部配备 8 个汽车同款自动辅助驾驶系统摄像头，最远监测距离可达 250 米；运动则是主要靠脖子、手、腿以及躯干等搭载的 40 个机电传动器，其中手部的 12 个机电传动器，能够让机器人的灵活程度接近人类……"

因为擎天柱的运动能力还极为有限，马斯克只好让工作人员穿着特制的服装，扮成机器人的模样，向现场观众表演了一场略显生涩的舞蹈。

马斯克介绍说："擎天柱将启动一场根本性的文明变革。特斯拉机器人初步的定位是替代人们从事重复枯燥、具有危险性的工作。但远景目标是让其服务于千家万户，比如做饭、修剪草坪、照顾老人等。这种通用的双足机器人将在 3 ～ 5 年内向消费者出售。它的成本约为 2 万美元。也许在未来不到 10 年的时间里，人们就可以给父母买一个机器人作为生日礼物。"

2023 年 5 月，马斯克在特斯拉 2023 年投资者大会上宣布："擎天柱已经学会了缓慢行走。它能对周围的环境进行识别记忆，缓慢拿取和放置物体等。它分类、拿取物体的速度已经和正常人差不多了。"

6 月 21 日，特斯拉启用新的推特账号 "Tesla_AI"，并连发几条推文，介绍特斯拉在人工智能方面取得的进展："特斯拉正在打造自主机器人的基础模型。我们的多模态神经网络已经安装在客户车辆上，这些网络采用任意模式，如摄像头视频、地图、导航、惯性测量单元、GPS（全球定位系统）等。""此外，我们正在发展最先进的建模技术，使我们能够根据过去的观察结果预测可能的结果，在多个摄像机视频中以一致的方式进行预测。"

马斯克在推特中还向那些有意加入特斯拉人工智能团队的人发出了邀请："欢迎加入特斯拉人工智能团队，打造机器人的未来！"

在2023年7月6日上海举办的2023世界人工智能大会上，特斯拉带来擎天柱机器人。马斯克在开幕式上预言："未来机器人将多于人类。"

目前，特斯拉的人形机器人还面临着一些挑战：物理躯体的精细化程度不够，还有很多技术需要突破；机器人的超级大脑，也就是人工智能部分，还有很多政策方面的问题要去面对。

不管怎么说，马斯克和他的团队试图用展示的东西向世界证明，一个基于人工智能的科技帝国正在用肉眼可见的速度快速崛起。而我们的生活，也正在变得越来越方便、越来越美好。

解决城市堵车问题

2016年12月17日，洛杉矶出现严重交通拥堵，被堵在路上的马斯克连发了几条推特："堵车快把我逼疯了，我要成立一家挖掘公司，专门解决城市堵车问题。"

大家以为他只是抱怨，没想到两个月后，他真的创办了无聊隧道挖掘公司。马斯克解释说："我想建立地下高速隧道系统，这种隧道的直径仅有 3 ~ 4 米，能容一辆小汽车通过，汽车只要停在电动滑板上，就可以高速前进，时速可达240 千米 / 时。"简单地说，无聊公司就是要在城市下方挖掘隧道，开辟新路，以提高车速——通过这种方式减少因为堵车等待而产生的"无聊"。

2018 年 11 月 18 日，第一条示范隧道在洛杉矶惊艳亮相。此前，马斯克发推文说："南加州霍桑市的隧道将在 2018 年 12 月开通。"但霍桑的隧道仅用于测试，并没有向公众开放。

当时，一些工程技术人员并不看好马斯克的计划。麻省理工学院的隧道专家赫伯特·爱因斯坦对媒体说："他造隧道的机器看起来很普通，我没有看到跟其他人做的事情有什么不同，除了直径更小。这看起来更像是一种交通工具的开发，而不是隧道的开发。"

2021 年，无聊隧道挖掘公司在拉斯维加斯会展中心下方开通了第一条汽车隧道。这是一条长约 1370 米的环形隧道。然而，在展示期间环形隧道内发生了交通堵塞，因此再次引发了不少人的质疑。

在早期的设想中，隧道应为无人驾驶的电动汽车的运输创造"平台"。自动驾驶平台上不但可以传送私家车，还可以搭载最多可容纳 16 位乘客的迷你公交车。路面上建有自动升降平台，行人和车辆都能轻松地进入自动驾驶的隧道系统。隧道是单行道，车在里面的最高行驶速度可达每小时 200 千米。

然而，在拉斯维加斯投入运营的隧道，人们既没有看到无人驾驶，也没感受到 200 千米／时的速度——在狭窄的隧道中人工驾驶的特斯拉汽车，最高速度只能达到 65 千米／时。

尽管受到了批评，马斯克的隧道计划仍在继续：拉斯维加斯市在 2023 年 3 月提交了一个提案，要将隧道系统扩展到 105 千米。未来，无聊公司想要让类似的隧道在全美各个城市建设并投入使用，也会逐步让隧洞中的所有特斯拉汽车采用无人驾驶模式。

在构建地下高速隧道系统时，马斯克还产生了一个新的想法："因为无聊隧道挖掘公司创新了挖掘方式，可以使隧道挖掘变得很便宜，成本只有建传统隧道的 10%，所以完全可以实施超级高铁项目。"所谓超级高铁，就是采用磁悬浮原理，让高铁在一条真空管道中运行，由于没有空气阻力，最高速度可达 1200 千米／时，速度比飞机还快。说干就干，马斯克立刻成立了超级高铁公司。2020 年 11 月 8 日，马斯克的超级高铁成功进行了第一次测试。不过有专家指出，目前超级高铁仍然停留在概念层面。

此外，马斯克还有更疯狂的想法——建立"星舰客运"，就是"浮动太空港 + 太空探索技术公司客运"。具体地说，就是在海上建立超大火箭发射的平台发射星舰，星舰环绕地球轨道飞行，然后重新进入大气层，在预定的另一个地方的太空港降落。

星舰客运建成后，最大时速为 2.7 万千米 / 时，能够在一小时之内，到达地球上的任何地方，从伦敦到纽约只要 29 分钟，从纽约到上海只要 39 分钟。

更加诱人的是，马斯克预测："星舰客运成熟后，每个座位的票价，将会与现在的飞机票价差不多。"

无聊隧道挖掘公司已经开发了一种名为"土拨鼠"的隧道挖掘机，它可以比传统的隧道挖掘机快 10 倍，不仅节省了成本，也更加节能和环保。这家公司还开发了一种名为"普鲁弗洛克"的隧道探测机，它可以快速扫描地下土壤和岩石，以评估隧道建设的可行性。

此外，为了进一步改善城市交通，马斯克的无聊公司还在研究高速电动滑板车和地下自行车系统。

不管怎么说，马斯克的无聊公司是一个充满创新和实验精神的科技公司，我们期待它能够为人们的生活带来更多的便利和惊喜。

不通过慈善事业讨好公众

很多成功的企业家都会通过做慈善来为自己树立美好形

象，但马斯克似乎并不是这样。人们认为，马斯克似乎不太关心如何通过自己的慈善事业讨好公众。尽管马斯克在慈善方面也称得上慷慨，但是他所采取的做法却往往与众不同，出人意料。

2007年，马斯克和弟弟金巴尔一起创立了马斯克基金会。这家基金会的网站看起来就像是一个简单的备忘录，没有任何设计和排版。网站显著位置用白底黑字简单地写着：

"马斯克基金会。建立本基金会的目的是支持：可再生能源研究与倡议行动、人类太空探索研究与倡议行动、儿科医学研究、科学与工程学教育、发展安全的人工智能以造福人类。"

网上没有任何的组织架构信息、款项公开信息、基金会的动态信息等方面的内容。

这并不意味着马斯克对待捐赠和基金不用心。熟悉他的人这样评价：他会专注于一笔钱怎样能真正推动一个领域的发展，而不是让这个过程看起来光鲜美好。

马斯克捐起钱来也称得上"大手大脚"——

特斯拉向美国证交会提交的文件显示，2021年11月19日至29日，马斯克捐出了504万股特斯拉股票用于慈善。按照当时的股价，这部分股票价值超过57亿美元。单是这一笔捐款，马斯克就成了当年位居全球前三名的大慈善家。虽然马斯克既没有透露这笔捐款的去向，也没有回应媒体的质询，但是我们不能因此怀疑这件事的真实性，毕竟公司向证交会正式提供了文件。

在此之前，马斯克最大数额的慈善捐赠是 2021 年捐款 1
亿美元设立碳清除新技术创新项目，他还曾向太空探索技术
公司发射基地所在的德州卡梅伦郡学校和社区捐款 3000 万美
元；在 2020 年向圣犹达儿童医院研究机构捐赠了 5000 万美元。
2018 年，马斯克曾宣布自己抛售特斯拉股票套现 1 亿美元做
慈善，但并没有公布具体的用途。

此外，据《卫报》报道，2010—2017 年，马斯克基金会共
捐出了 5400 万美元，超过 1/3 的善款流向了 160 个慈善机构，
还包括很多环境、教育、医疗和太空倡导组织。

根据最新网上消息，2023 年的 8 月，马斯克基金会向得克
萨斯大学奥斯汀分校捐赠了 1000 万美元，用以支持一项新的
生育和人口研究项目。

根据《时代》周刊的说法："尽管马斯克乐于展示自己的高
科技产品和装备，但他在慈善领域，却显得相对低调，并不喜
欢大肆宣扬。"

不管怎么说，马斯克在慈善方面可以说是尽了力的。尤其
是考虑到他的个人消费情况——马斯克没有艺术收藏，没有房
地产，他出售了名下所有的个人住房。他经常睡在工厂或办
公室里。如果他的孩子们在那里，那他就租个地方住。他说：
"很多时候只有我一个人住，所以我不需要大房子。"

马斯克说："占有物质对我来说是一种沉重的负担。"

除了公司的股票，马斯克几乎没有任何具有货币价值的财
产。公司的股票，也全部进行了公益事业用途方面的安排。马

斯克说："人类成为太空文明和多星球物种是很重要的。在火星上建造一座城市需要很多资源。我希望能够为火星上的城市做出尽可能多的贡献。这意味着需要大量资金。"

现在，马斯克在推特置顶的是他 2018 年时写的一段话：

"我的钱有一半将用于帮助解决地球上的问题，另一半用于在火星上建立一个自我维持的城市，以确保所有生命的延续，以防万一地球受到像恐龙遇到的流星袭击，或者世界大战的发生，我们摧毁了自己。"

参加冰桶挑战

2014 年 8 月，新泽西州州长克里斯·克里斯蒂将一桶冰水从头往下浇在自己身上。浇完冰水后，点名好友脸书公司的老板马克·扎克伯格接招。

马克·扎克伯格接受了挑战邀请。浇完之后，他点名微软公司创始人比尔·盖茨参加挑战。

比尔·盖茨亲自制作了一个自动掀翻冰桶设备，从画草图到戴着面具焊接，都进行了多角度拍摄，并发到了网上。其间，一个 Surface 3 的特写画面格外引人注目。毫无疑问，这段视频成了一段很好的免费 Surface 广告。

在自动掀翻冰桶机下湿透了的盖茨，点名马斯克参加挑战。

显然，面对这种事，马斯克不会拒绝和逃避。他知道，这意味着自己已经被硅谷俱乐部接纳和认可，而且是一个很好的宣传自己的机会。

尽管在 2012 年马斯克就正式加入了著名的硅谷 10 亿美元俱乐部，但这次被点名邀请接受挑战，才意味着他已经成了和比尔·盖茨、马克·扎克伯格等大佬平起平坐的人。来自全球的优质资源会越来越多地涌向自己，为难自己的人会越来越少。

虽然硅谷俱乐部是一个成功者互助组织，但他们对外宣称的文化信仰是奉献主义。他们号称比较自己拥有多少私人岛屿是十分丢脸的事情，向社会捐赠了多少才是他们引以为傲的事情。商业大腕在加入硅谷俱乐部的时候，都会参加"捐赠誓言"活动，承诺会将自己的大部分财富捐赠给慈善事业。

马斯克本人在捐赠誓言中说："我很高兴能够成为'捐赠誓言'的一分子，因为我相信这一活动能够对世界产生实质影响。但是，和许多亿万富翁拒绝进行大额捐款一样，我们都担心捐出去的钱无法真正发挥应有的作用。"他承诺，把自己的大部分财富捐赠给再生能源、科学、教育和儿童保健等领域的研究。

冰桶挑战是一种为罕见病"肌萎缩性脊髓侧索硬化症"（ALS）筹集慈善捐款而发起的接力游戏。ALS 这种病，就是大家常说的渐冻症，史蒂芬·霍金就是得的这种病。

冰桶挑战的规则是，受邀参加挑战的人浇一桶冰水在自己身上，并拍下视频上传到社交网络，然后再点名邀请 3 人继续接力。被点名的人如果 24 小时之内没有完成这项任务，就需要向 ALS 协会捐款 100 美元。

接到挑战邀请的马斯克很兴奋。他知道，接下来，免不了要"在自己身上浇一桶冰水"。虽然有"湿身，不然捐款"的选项，但是肯定没有人会怀疑自己"湿身"是为了逃避捐款。公开宣布自己选择捐钱，而不是倒桶冰水到自己头上的奥巴马，就曾招致很多批评，搞得好像奥巴马是个没心肝的恶人。

明白人都懂，不管经营什么事业，长期来看，公众的广泛关注都是最有价值的。通过宣传，唤起公众对 ALS 的关注和推进相关研究，从某种程度上说比捐款更重要。

况且，吃瓜群众就喜欢看热闹，看着一个亿万富翁当众被一桶冰水泼个透心凉的场景，网民能不开心吗？开心就好！

马斯克所关心的是，如何让大家感到开心的同时，把自己"最好的一面"，以最自然的方式呈现出来。一定要把握好这个举世瞩目的绝好的宣传机会。

有朋友建议马斯克坐在最新款特斯拉里浇冰水，让大家觉得他"人酷，车更酷"。

马斯克笑着否定了。他不愿意模仿比尔·盖茨的做法。他有属于自己的独特创意——

马斯克先是带着 5 个儿子设计了挂在树上的冰桶装置。接着，5 个孩子一拉绳，水就从中间倾泻而下，从头到脚浇在了马斯克的身上。孩子们一阵欢呼。

一个和孩子一起恶作剧的爸爸的形象传遍了全网,谁不羡慕这样的亲子时光呢?

这是马斯克又一次成功的创意。

关于马斯克"不好相处""大男子主义者""冷酷刻薄""不存在人情味儿"的传言,被一桶冰水完全冲淡了……

从小生活在南非的马斯克,对于贫富差距有着比谁都深刻的体会,无论是创立特斯拉还是做慈善,其实都离不开造福全人类这个出发点。他对 ALS 的关注,也早已从想法、宣传落实到了行动中。

2023 年 9 月 19 日,马斯克旗下的神经科技和脑机接口公司宣布,一套具有突破性的医疗设备进入试验阶段,开始招募瘫痪患者参加首次人体试验。招募的受试者为脊髓损伤或肌萎缩侧索硬化症伴有四肢瘫痪,一年以上没有恢复的患者,年龄需要大于 22 岁。

一旦试验成功并获得临床推广,瘫痪患者用思维自由控制外部设备就可以实现,患者就可以重新获得行动的自由。

"阻碍科技创新"奖获得者

2016 年 1 月 20 日,很多媒体都发表了这样一则消息:特斯拉、太空探索技术公司首席执行官埃隆·马斯克，宇宙万物理论奠基者史蒂芬·霍金和推动电脑普及的最大功臣比尔·盖茨，被"阻碍技术创新"奖提名，前两位获得了该奖项。

美国信息技术与创新基金会每年会评选"卢德奖"，专门颁发给那些试图阻碍技术创新的人。

"卢德"这个名字源自 19 世纪的英格兰的一位纺织工人，他反对使用机械动力织布机和其他节省劳动力的设备，后来，它就成了"阻碍科技进步的人"的代名词。

马斯克之所以获得这一奖项，与他对人工智能技术所抱持的谨慎态度有关。

早在宇宙万物理论奠基者史蒂芬·霍金尚在人世时，马斯克与他都加入了一个"松散的联盟"组织，该组织的成员们对人工智能技术十分排斥，甚至呼吁人们对它"保持高度警惕"。

马斯克、霍金和很多反人工智能的专家都表示，人工智能成了人类最大的潜在性威胁。马斯克曾发推文称"人工智能的潜在威胁大于核武器"，他还对人工智能的威胁性提出了这样一个假设：也许机器人会"觉得"删除垃圾邮件的最好办法是把人类一起干掉。同样，霍金和世界首富、微软首席执行官比尔·盖茨也发表过类似的观点。

比尔·盖茨表示，他和马斯克观点相同。他说："在这个问题上，我认同埃隆·马斯克和其他人的理念。我不明白有些人为什么一点儿都不担心。"

2015 年 1 月，马斯克和霍金签收了一封由未来生命研究所发出的公开信，承诺人工智能领域的进步不会脱离人类的控制。2015 年 7 月，他们还签收了另外一份公开信，呼吁禁止开发自动化武器。因此，2016 年 1 月 20 日，马斯克与霍金、盖茨一起被提名"阻碍技术创新"奖，最终马斯克和霍金得了奖。

信息技术与创新基金会评委表示，马斯克等人表达的观点并没有问题，问题在于他们表达观点的方式。一位评委说："他们的口吻让很多人感到害怕。"

马斯克曾经提出过一个"删除垃圾邮件灭世论"的观点，假设人工智能进化到拥有足够能力的时候，如果人类向机器人下达指令，删除邮箱里的垃圾邮件。机器人删除掉最后一封垃圾邮件时，它们可能突然意识到：既然发送垃圾邮件的是人，为什么不把人也一起清理掉呢？

其实提出这种充满想象的观点的，并不是只有马斯克一个人。在《复仇者联盟·奥创纪元》和《终结者·创世纪》等影视题材中，都曾出现超级人工智能毁灭者的形象。只是马斯克从来不隐瞒他对于人工智能潜在威胁的担忧，他担心人工智能的失控将带来严重威胁。

马斯克在接受媒体采访时说："在电影《终结者》中，他们在开发人工智能时并没有想到会制造出终结者，所以我们需要非常谨慎。我还是不太清楚人工智能未来的应用场景，但是，很可能会有一些可怕的结果，我们应当努力确保所有成果都是良性的，而不是恶性的。"

看起来，马斯克考虑更多的是安全问题，而不是不想进入人工智能时代。所以，他不是科技进步的障碍，而是积极推动者和领跑者。他被选为美国国家工程院院士就充分说明了这一点。

成为美国国家工程院院士

2022 年 2 月，美国国家工程院公布了新一期当选者名单，包括 111 名院士和 22 名外籍院士。马斯克就在这批当选者之中。

美国国家工程院网站介绍，加上这次入选的 111 名院士，工程院院士总人数达到了 2388 名。

对于自己的入选，马斯克显得非常开心。他在推特中转发美国国家工程院的推文，并表示："非常感谢！"

马斯克仅有本科学历，曾就读于加拿大的皇后大学，后转学至美国宾夕法尼亚大学，拿到了经济学和物理学双学士学位。虽然马斯克获得了斯坦福大学材料学硕博连读的资格，但入学几天后，马斯克便选择退学，开始创业。

在很多人看来，国家工程院院士，怎么也得是个博士生吧？马斯克一个本科生，凭什么当院士？就因为他是首富？

其实，在美国院士评选过程中，对于学历并没有明确要求。别说是本科生，就算是小学生，只要有杰出贡献，也是不违反评选规则的。

相比学历本身，更多人质疑的逻辑是：马斯克区区一个本科生，能在工程学上有什么贡献？产生这种质疑，也许主要是因为对马斯克和他所从事的工作不太了解。

美国国家工程院将马斯克评选为院士的理由是这样的："他在可重复使用的运载火箭，可持续运输和能源系统的设计、建设、制造和运营方面取得了突破。"

可见，至少在明面上，马斯克被评为美国国家工程院院士的原因，还是因为他在太空探索技术公司的成就。

火箭发动机专家汤姆·穆勒是太空探索技术公司的创始人，他本人在推特上称，猛禽引擎是马斯克与推进团队共同开发的。马斯克大约80%时间都花在工程师团队方面，致力于改进"猎鹰9号"和"龙"飞船，开发能移民火星的设施。

马斯克不仅是世界上第一个发射私人火箭的人，还把火箭芯片的成本降低到原来的1/5000！在马斯克之前，美国发射一次火箭的芯片组成本，大约相当于1.4亿人民币左右；而马斯克的太空探索技术公司的火箭芯片组，成本只相当于2.6万人民币！

在降低火箭发射成本方面能取得这么显著的成就，他被选为院士不应该完全在情理之中吗？

第九章
个人生活

　　马斯克曾说过："我宁愿把叉子插在手里，也不愿写我的个人生活。"就像在事业上经历过无数挫折一样，他的感情经历同样跌宕起伏，充满波折。马斯克经历多次婚姻，他的小孩也已超过了10个。而其中刚成年的一个孩子，改名后，宁可放弃上千亿美元的财产继承权，也要和他断绝关系……

你的灵魂中有一团烈焰

1990 年，也就是马斯克大二的时候，一次在上心理学课的时候，他发现一个女生有点儿特别。这倒不是因为这个女生的长相，虽然她长得也很美，正是他所喜欢的那种类型，但是最吸引马斯克的，是回答问题的时候，她所表现出来的博学、知性和泼辣，一看就是那种特别喜欢读书、聪明的女生。

在课堂上，她的见解得到了老师高度赞同，马斯克也暗自佩服。

马斯克立刻对这个女生产生了好感，开始对她处处留心，还经常向这个女生身边的人打听有关她的情况。这个女生是皇后大学英语系的大一学生，来自南安大略的贾斯汀·威尔森。贾斯汀比马斯克小一岁，喜欢读书、写作，也喜欢练跆拳道。后来她成了马斯克的第一任妻子。

一个星期天的上午，刚吃过早饭的马斯克又来到贾斯汀的学生宿舍楼门口溜达，这已经是他第三次这样做了。他想用假装偶遇的方式，去主动接近贾斯汀。

他前两次等了好久都没看见贾斯汀的人影，最后只好无功而返。但是，这一次没有让马斯克失望，他惊喜地看见贾斯汀正从宿舍走出来。

看起来贾斯汀心事重重，好像不太开心的样子，但是此时的马斯克顾不了那么多了，他必须把握住这难得的机会上前去搭讪。

于是，他迎着她走了过去："你好，贾斯汀。我是埃隆·马斯克，经济学专业二年级学生，你可以叫我埃隆。"

"你怎么知道我的名字？"贾斯汀表现得有点儿冷淡，"你有什么事吗，马斯克同学？"

马斯克并不在意对方的态度："我们一起上心理学课。你回答问题时的表现让我特别佩服，感觉你是一个令人仰慕的才女。"

"哦，谢谢你的恭维。"她依旧没有表现出丝毫的兴趣。

"我今天是想要对你表示特别的感谢。"马斯克又把话题推进了一步。

贾斯汀的面部表情松弛了一些："感谢我什么？"

马斯克回答得很流畅："感谢你对我的启发。我在心理学论文中，引用了你在课堂上表述的深刻观点，那真是独到而令人叫绝的见识。所以，我想要对你表示感谢。"

她居然淡淡地笑了笑："你过奖了。感谢倒不必了，何必那么麻烦？"

"一点儿都不麻烦，"马斯克有点儿天真地笑了笑，"我只是想请你吃冰激凌。"

在年轻晚熟的马斯克看来，这就是为了邀请她和自己一起享受美味的食物，进而间接地表达一下自己想要追求女孩子的心意。马斯克从小喜欢吃冰激凌，因为它口感柔软、口味甜美，能够带来愉悦的味觉体验，所以，他觉得这种食物容易激发一种甜蜜的感情。

这时候，贾斯汀已经有了恋爱经历，她觉得男生请女生吃冰淇淋，可能怀有某种意图。而她对面前这个其貌不扬的青涩少年并不是很感兴趣，所以没有赴约的打算。但是，从衣着装扮上来看，马斯克至少来自中产阶级家庭。她不想得罪这个目前看起来还清纯幼稚的男孩，就找了借口说："我得先回宿舍取个东西。"说完，她头也不回地进了宿舍楼。

马斯克以为最多 10 分钟她就下来了，没想到，足足等了 40 多分钟，还是没有看见贾斯汀的影子。虽然没有恋爱经历，但是马斯克也马上意识到了"情况有变"，自己被"放鸽子"了。

一般的年轻人遇到这种情况，往往会感觉到挫折，甚至有些自卑地打退堂鼓，灰溜溜地走开。而马斯克恰恰不是一般的年轻人，他认定的事，往往是很难放弃的。他相信：办法总比困难多！

此时，贾斯汀刚刚失恋，心情不是很好，干什么都提不起兴趣。她担心不好"摆脱"马斯克的纠缠，于是没出门，在宿舍埋头写起日记来。贾斯汀一直想成为作家。她文笔很好，写起东西来非常专注。

不知过了多久，她突然觉得有人站在自己的身边，忙抬起头。令她吃惊的是，站在自己身边的人居然是马斯克。他的手里拿着两个蛋卷冰激凌，已经开始融化，冰激凌滴了下来。

贾斯汀愣了一下，问："怎么是你？你怎么会来我的宿舍？"

马斯克早已想好了对策："我说了想请你吃冰激凌。我觉得这就是你最喜欢的口味了。"他把一个冰激凌递给了贾斯汀，自己很认真地吃起了另一个。

刚好贾斯汀情绪非常低落，就有一搭没一搭和马斯克聊了起来。两个年轻人谈人生、谈学习、谈理想，都对未来充满了憧憬。

贾斯汀说："我的梦想就是成为一个作家，用我的小说去为社会添彩。"

"这想法真了不起，"马斯克的语气非常真诚自然，"如果可能的话，我想我一定会尽力帮助你去实现自己的梦想。"

贾斯汀虽然不觉得马斯克能给自己提供帮助，但是，口头的支持和鼓励也是很难得的——自己的前男友，对于自己的"作家梦"，总是表现出嘲讽和不屑。

一次随意的闲聊，让贾斯汀眼前一亮。她的心情豁然开朗，开始对马斯克有点儿好感了，虽然还谈不上喜欢。对此，聪明的马斯克当然能够觉察得到。

此时的马斯克，基本上已经树立了"改变世界"的理想，并且在努力培养自己相应的才能。在他的眼中，与"改变世界"相比，改变一个女人的想法，应该说是更容易一些。所以，他丝毫不怀疑，贾斯汀就是属于他的，只是时间的问题。

此后，马斯克经常主动邀请贾斯汀一起去图书馆、书店，当然有时也会去影院、公园和商场。除了偶尔送玫瑰花和其他小礼物，他更多的时候是给贾斯汀买书，这正是她所喜欢和需要的。

马斯克是一个很细心的小伙子。他送贾斯汀的每一朵玫瑰花上都会附上表白纸条；送一本诗集《先知》，书里面会亲手写上情话。

马斯克的远大志向也给贾斯汀留下了深刻印象。贾斯汀爱写科幻小说，脑子里都是天马行空的奇思妙想；马斯克对电脑、太空和未来都感兴趣，整天想的是如何让人类生活得更美好。在别人的眼中，两人都有点儿"怪"，然而这正是他们情感的基础。

随着交往的深入，两人对彼此的好感也与日俱增。马斯克感觉自己已经遇到了梦寐以求的理想伴侣，他对贾斯汀说："你的灵魂中有一团烈焰，我在你身上看到了自己的影子。"

⋯⋯⋯⋯⋯⋯

美好的时光总是非常短暂。一年后，升入大三的马斯克拿到了奖学金，可以去美国的宾夕法尼亚大学读书了。

虽然有点儿舍不得离开贾斯汀，但马斯克是绝对的事业型男人，他不会因儿女情长而耽搁了前程，对他来说，最重要的是去追逐他向往已久的美国梦。

当然，两人仍然继续着异地恋。

那一刻的人生没有一点儿遗憾

年轻的马斯克把主要精力都用在了学习和钻研上，那时，正在进行一场改变世界的互联网革命，而他觉得自己要学和要做的事情简直太多了，多到没有时间想个人感情的事，顾不上去谈恋爱。

贾斯汀毕业后一度去日本教书，业余时间就沉浸在自己的小说创作中。所以，这两个人的感情一直不远不近、若即若离地维持着，没有日常的卿卿我我，但也一直保持着联系。有时候贾斯汀会来探望马斯克，两人会在一起度过一个浪漫的周末。

虽然是聚少离多，但是相处时间长了，两个人之间也会产生争执。毕竟都是聪明人，各有各的想法，都想改变对方。但是，当不争吵的时候，马斯克和贾斯汀在一起还是很谈得来，很愉快的。

1999 年底的一天，贾斯汀又来找马斯克，两个人在一起散步。算起来，他们的恋爱已经持续了 8 年。

28 岁的马斯克，正是春风得意的时候，把 Zip2 卖给康柏，一夜间成了千万富翁，买豪华别墅，买了百万美元级别的豪华跑车，甚至买了私人飞机，无疑算初步"立业"，可以考虑成家的问题了。

看着名气越来越大的马斯克，一向自信的贾斯汀心里有点儿忐忑不安，她甚至开始怀疑自己是不是配不上踌躇满志的他了。

一向直爽的贾斯汀问马斯克："你想过结婚吗？"

马斯克迟疑了一下说："我得想想，稍后再回答你这个问题吧。"

第二天，马斯克又约贾斯汀去散步。走着走着，他突然说："我可以回答你的问题了。现在，我正式向你求婚。"

说着，马斯克单膝跪地，用双手虔诚递上了早就准备好的一枚戒指。贾斯汀接过戒指，并扶起马斯克，两个人紧紧拥抱在了一起。

当时，马斯克的父母还有他的弟弟金巴尔都不是很喜欢贾斯汀，认为她的个性太强了，两个人不是很适合在一起生活。但是马斯克坚持要娶贾斯汀。他用心起草了一份婚前协议，递给她说："也许我不该这样做，可是，这是我的新公司董事会提出的要求。"

一向要强的贾斯汀一看协议内容就火了，坚决拒绝签字，两人发生了激烈的争吵。

马斯克的母亲梅耶实在看不下去了，忍不住出面劝了几句。

盛怒之下，马斯克大声喊道："这个婚不结了。"

两人冷静下来后，都觉得 8 年的感情还是非常值得珍惜的。于是，贾斯汀含着泪答应接受马斯克的条件。

贾斯汀在婚前协议书上签字的时候，马斯克在她的耳边轻轻地说："记住，以后这个家，我说了算。"

2000年1月，两人结了婚。

那时候，马斯克刚成立贝宝不久。他在事业上非常忙碌。贾斯汀为了支持马斯克的事业，放弃了自己的梦想，做了全职太太，只是偶尔抽空会写小说。

为了出席朋友聚会，马斯克要求贾斯汀把头发染成金色，她没有反对。两人一起参加活动时，贾斯汀的称谓变成了"马斯克的妻子"，她没有表示不快。

贾斯汀想要去买书，马斯克就抽空开车去陪着她。他在书店里把信用卡递给她："想买多少书，就买多少书。"然后，两个年轻的夫妻带着新买的书到咖啡馆，边喝咖啡边聊天。贾斯汀非常喜欢这种难得的温馨浪漫的时刻。多年后她回忆说："有时我感受到的是十全十美的满足感，我觉得那一刻的人生没有一点儿遗憾。"可惜的是，"那一刻的人生"太短暂了。

2002年，他们有了第一个孩子，取名内华达·亚历山大。不幸的是，内华达10周大的时候，突然在睡梦中停止了呼吸，送到医院之后医生也无力回天。医生说诊断结果是婴儿猝死综合征。

得知这个消息时，马斯克刚坐上飞机要去谈业务，陪伴在内华达旁边的，只有贾斯汀。

马斯克能够通过看书掌握火箭专业知识，面对孩子的离世却无能为力。他只能感到悲伤和愧疚。对于儿子的死，马斯克闭口不谈，他也不让贾斯汀与外人谈论。贾斯汀只能把痛苦憋在心中。

对一对年轻夫妻来说，这样的打击很大。尤其是对贾斯汀来说，更是难以摆脱的梦魇。马斯克可以一头扎进工作中，努力去忘记这段黑色的时光。而她做不到，她开始变得沉默寡言。

因为马斯克总是很忙，贾斯汀闲着没事，也没心思去写小说，就开通了自己的博客，作为宣泄悲伤情绪的出口。她在博客中记录了自己的家庭生活、自己的烦恼和困惑。因为她的文笔很好，吸引了不少粉丝。

平时，夫妻俩一周都很难见一面，完全成了最熟悉的陌生人。贾斯汀在博客中写道："有的朋友总抱怨自己的丈夫七八点才回家，而埃隆通常 11 点才回家，然后还要再工作一两个小时。"

对于内华达的不幸夭折，凡事讲求效率的马斯克也很悲痛，很心急。他突发奇想，决定干脆在双方都健康的情况下，让妻子接受人工受孕——他没有考虑贾斯汀为此可能要吃很多苦。

几个月后，在马斯克的建议下，贾斯汀去了一家生殖诊所，开始为体外受精做准备。他们计划用最快速度重新怀上孩子，并且要确保孩子是健康的，是经过基因筛选的。

2004 年 4 月，他们的双胞胎出生了，分别起名为格里芬和泽维尔；2006 年，他们又用同样的方法生下了二胞胎——凯伊、撒克逊和达米安。5 个孩子全是男孩。

随着家庭财富和人口的增长，他们举家搬去了洛杉矶贝莱尔区一栋室内面积 550 平方米的豪宅，还专门配了 5 个保姆。

本来，5 个孩子每天围绕在父母身边，热闹而温馨，一家 7 口其乐融融……贾斯汀当然也愿意去享受这样的生活。然而，她所感受到的只是疲惫和沮丧。在日常生活中，贾斯汀要一个人应对 5 个孩子。虽然有保姆的协助，也是很不轻松的。

在生完三胞胎后，贾斯汀就患上了严重的产后抑郁症。她和马斯克在家里的争吵也越来越频繁了。在理疗师的帮助下，贾斯汀渐渐恢复了健康，也激发了重新开创美好生活的信心。

贾斯汀拒绝继续当一个家庭主妇，而是希望找到自己的存在感。她开始用主要精力去写小说，两年内居然出版了 3 部小说。

夫妻间的感情却越来越疏远。那个发誓支持她成为作家的男人不见了，那个陪着她去买书和付款的体贴男人不见了。

马斯克似乎越来越不关心妻子，不在乎她的感受，他竟然承认自己没有阅读过妻子写的书，还调侃说："和读她的书相比，我宁可亲自处理别人遗留在车上的呕吐物。"

马斯克不常回家，把家里也当成了工作场所，总是趾高气扬地对她指手画脚，这让她很不舒服。贾斯汀曾尝试和丈夫沟通，告诉他："我是你的妻子，不是你的员工。"

马斯克却满不在乎地反击道："如果你是我的员工，我早就开除你了。"

夫妻之间的感情变得疏远了。

2008 年春天，贾斯汀遭遇车祸，车身金属被撞变形，车的前轮被撞扁。万幸的是，人安然无恙。她只是被吓傻了，呆坐在那里。

在这样一个生死关头，贾斯汀的第一想法不是："谢天谢地，我没受伤！"反而是："看到车差点儿报废，埃隆不知会怎样抱怨我呢！"于是，这一刻她下定了决心：离婚。

回到家里，贾斯汀平静地告诉马斯克："我觉得现在自己完全是一个附属品。我们的生活必须改变。我不想只是富豪丈夫生活中的旁观者，我想要平等，我想要拥有属于自己的生活。"

就这样，两人签订了离婚协议，和平分手。律师告诉贾斯汀，结婚前马斯克让她签字的协议是无效的，她可以通过法律手段维权，索取一大笔分手费。贾斯汀选择了放弃。她只是接受了马斯克主动给她的一套房产、200 万美元现金、每个月 8 万美元的赡养费、孩子往后 17 年的抚养经费，还有一辆特斯拉。两人平分 5 个孩子的监护权。

离婚之后，贾斯汀决定保留夫姓，她还叫贾斯汀·马斯克。她立即把头发染黑，还剪了短发，像是要找回久违的自由。但是，没多久，她依旧以金发披肩的形象出现在大家面前。她发表了几篇小说，经营一个博客，偶尔上个 Ted 演讲。2015 年，环球绿色的总裁迈特·彼得森成了她的男友。

　　因为经常看望孩子，贾斯汀还偶尔会和马斯克见面，不再有爱，也没有恨。而马斯克也在考虑寻找新的爱的方向……

马斯克和妲露拉的婚姻

　　开始办理离婚手续的马斯克仍在为事业奔波。就在去伦敦演讲的旅途中，在一家知名夜店的地下贵宾区的角落里闷头喝着啤酒玩着手机的时候，他意外遇见了刚参加完慈善晚宴的演员妲露拉·莱莉。也有媒体说马斯克和妲露拉是在电影《钢铁侠3》拍摄期间认识的。

　　见妲露拉身材高挑、长发飘逸、美丽动人，马斯克马上对她产生了兴趣。

　　妲露拉1985年出生于英格兰哈特福，这时刚满23岁。她的母亲尤娜·妲露拉是一位非常成功的商人，经营一家安全系统管理公司和公关公司。妲露拉的父亲道格·米尔本曾经从事刑事案件调查方面的工作，后来改行去当电视剧编剧了。

　　妲露拉是家里的独生女，从小念的女校。尽管大学选择了自然科学专业，但妲露拉却对表演很感兴趣。她的确具备进军演艺圈的较好条件：175厘米的身高，骄人的身材，还有美艳迷人的脸蛋。

　　此时的马斯克虽然在闹离婚，事业也处在低谷，但是他有信心很快把公司做大做强。在社会上越来越大的名气，也使马斯克变得越来越自信，甚至可以说是大胆。尽管情绪不高、面带疲倦，但他仍难掩那种桀骜不驯、舍我其谁的张扬气势。

向夜店的老板简单打听了一下姐露拉·莱莉的基本情况，马斯克就拿着啤酒，径直走到了莱莉跟前，直接搭讪道："姐露拉小姐，你好，我是埃隆·马斯克。"

作为演艺圈的人，姐露拉在陌生人面前也总是表现得落落大方，何况她很熟悉马斯克这个名字，而且，她对火箭和航天方面的事也特别感兴趣。所以，她带着笑回应道："幸会，马斯克先生。我听说过您的'猎鹰1号'。"

"太好了，"从美女嘴里居然听到了自己非常熟悉的火箭的名字，马斯克掩饰不住内心的兴奋，他怀着半开玩笑的心理大胆地提议："是的，我们在做'猎鹰1号'，如果你感兴趣，我可以带你去工厂看看。"

不料，姐露拉表现得异常兴奋："那简直太棒了。我甚至有些迫不及待了。"

于是，两人约定，几天后到马斯克的公司去参观一下。

在没有遇到马斯克以前，姐露拉把精力都放在学习上，她从来没有跟其他男性朋友有过亲密接触。对于这一点，马斯克特别满意。

而比较传统保守的姐露拉，对马斯克出乎意料的"君子风范"也颇有好感。第一次正式约会的时候，马斯克建议姐露拉到自己的房间去看大火箭。

姐露拉同意了,但是她很警觉,她以为"将要发生什么"。令她愉快的是,马斯克真的只是把自己公司设计的火箭原图拿给她看,还详细进行了讲解。那天,马斯克就一直聊火箭,始终没提姐露拉所担心的"过分的"要求。

几年后,姐露拉在媒体面前谈到他们的第一次见面时说,她说对马斯克的第一印象是:"他很可爱,看起来很害羞。"

姐露拉对这种高科技的东西也非常感兴趣,尽管当时她根本没有意识到那是马斯克自己参与设计的火箭。那天分手的时候,马斯克说:"我通常不会这么做,但我很想明天还见到你,我们能一起吃早餐吗?"

就这样,他们一起吃了早餐。接着,他们又一起吃了午饭……

于是,她很快就爱上了马斯克。但是,姐露拉的父亲米尔本不同意她和马斯克交往。米尔本认为两人的年龄差距较大,而且马斯克已婚,又有5个孩子。

由于姐露拉的父亲的反对,为了鼓励她,马斯克在送给姐露拉一辆Roadster纯电动跑车的时候,还专门送了一本《银河系漫游指南》作为礼物。这本书的封面上用大而友善的字母写下的忠告是:不要恐慌。

姐露拉跟父亲说,自己什么都不在乎,只要马斯克离婚,她就嫁给他。

于是,在两人认识两周后,马斯克向姐露拉求婚的时候,姐露拉很痛快地答应了。

虽然当时的马斯克还处在经济状况比较紧张的阶段，需要借钱周转，但他还是先后买了三枚订婚戒指送给姐露拉，包括一枚大钻戒、一枚日常戴的戒指，还有一枚马斯克自己设计的10颗蓝宝石环绕着钻石的戒指。马斯克说："这10颗蓝宝石，代表我们未来将拥有10个孩子。"

两人订婚的时候决定，相处一段时间再正式结婚。母亲梅耶这次对儿媳很满意。

姐露拉很快就感受到了马斯克有多忙。2008年圣诞节前夕，马斯克和姐露拉在弟弟金巴尔家里给孩子们包礼物。但是，马斯克完全心不在焉，不时地打着电话。最后接到一个紧急电话，竟然连夜跑到公司去了……

结婚前，马斯克对姐露拉还算是比较体贴的。2009年，在英国拍戏的姐露拉，在进组的第一天，就收到了马斯克的500多支玫瑰……马斯克并不像姐露拉一样是基督徒，但他痛快地答应了在教堂里成婚。

2010年9月，马斯克和姐露拉在苏格兰的多诺克大教堂举行了盛大的婚礼。两人乘坐一辆白色的劳斯莱斯抵达教堂，婚礼结束后，还乘坐马车绕着城镇广场巡游。

事业心很重的姐露拉婚后表现得十分贤惠。她每天早上给丈夫打理衣服，亲手为5个继子做早饭。因为被马斯克成功"洗脑"，姐露拉在接受媒体采访时还表示："为了增加全球人口和平衡男女比例，我和马斯克会生5个孩子。"

然而，马斯克仍旧没有汲取之前婚姻失败的教训，依然沉迷事业，耍大男子主义，对妻子疏于照顾。妲露拉要见马斯克，甚至还要通过马斯克的秘书预约。忙忙碌碌的马斯克，无法理解为什么大家愿意花时间在家庭生活上。他明确表示，自己给妻子分配的陪伴时间是：一周最多10小时。得不到丈夫关心的婚姻让妲露拉非常难受。

作为女明星，妲露拉不可避免地要与男艺人打交道。但控制欲极强的马斯克试图限制妲露拉的社交，他只是希望她在家乖乖做一个家庭主妇。于是，二人的矛盾越来越多。

2012年1月，马斯克在推特上宣布了两人分开的消息。

按照离婚协议，离婚后妲露拉带走了1600万美元。当时，马斯克依依不舍地在推特上写道："这是了不起的四年。我会永远爱你。总有一天你会让某个人非常开心的。"

然而分开一年后，藕断丝连的他们竟然复婚了。但在2014年12月，马斯克第二次提出离婚，7个月后又撤回了诉讼。

妲露拉说："他不需要听任何人的指示，有自己的世界观。虽然他又努力试图修复关系，可惜最后没有成功。我变得很不快乐，但我是爱他的。"

2013年，有媒体报道了马斯克与模特出身的好莱坞影星卡梅隆·迪亚兹之间的绯闻。但一直都没有人承认这件事是真的。就算这是真的，这段关系也没持续多久。

马斯克和妲露拉之间反复结婚离婚，令人眼花缭乱，网络上有文章专门介绍他俩的事，标题是《马斯克究竟与妲露拉结过几次婚》……

直到 2016 年 3 月，姐露拉提出离婚，这是他们第三次试图结束婚姻。此后，两人就彻底分手了。

马斯克当时说："我们分开了几个月，想看看这段空白会不会改变我们的心意，但遗憾的是没有。我依然爱她，但不能再在一起生活了。我给不了她想要的。"

尽管马斯克和姐露拉经历了 3 次离婚，但他们分开后一直保持着非常友好的关系。姐露拉向媒体说："我和马斯克仍是最好的朋友。我们仍然经常见面，互相照顾。"

离婚后姐露拉除了继续拍戏外，2016 年 11 月，她出版了一本名叫《爱的表现》的小说。

有读者认为，这本书基本上反映了马斯克和姐露拉两个人之间真实而浪漫的故事，从开头到结局都像一部自传体小说。这是一种情书，表达了一种歉意。她在书中写道："除非我能拥有你的全部，否则我就会放弃你。你能不能把这个想法牢牢地印在你聪明的脑袋里？"

有趣的是，马斯克注意到了这本书，还在自己的推特上进行了推荐，并"辟谣"："书中所有的人物都是虚构的，不必和现实中的人物去对应。"

2023 年 7 月 28 日，姐露拉·莱莉在推特上宣布与交往两年的男友托马斯·布罗迪·桑斯特订婚。

马斯克在评论区表示祝福，他写道"恭喜你们"，还附上了一颗爱心。

自称是感情里的傻瓜

和妲露拉·莱莉分手后不久，马斯克认识了一位新女友。她就是美国女演员艾梅柏·希尔德。

艾梅柏·希尔德1986年出生在美国得克萨斯州奥斯汀市。因为名字的关系，她也被称为"琥珀妹"（"艾梅柏"在英文中有"琥珀"的意思）。

身高170厘米的艾梅柏，曾多次入选全球最性感的女人。根据英国医美专家狄西瓦的计算，她是最符合"黄金比例分割"的"全球最美的女人"。

艾梅柏最知名的身份是约翰尼·德普的前妻。

2017年4月24日，马斯克的新恋情被媒体公开。有媒体报道说，2016年5月，离婚后的马斯克在纽约的晚宴上第二次见到了女演员艾梅柏·希尔德。当时，艾梅柏与约翰尼·德普的婚姻正摇摇欲坠。艾梅柏这样向媒体描述了她当时的感受："马斯克的出现，让深陷婚姻沼泽的我，呼吸到了一股新鲜空气。"

几周后，马斯克来迈阿密探望艾梅柏，然后带她飞去了"猎鹰9号"的发射地卡纳维拉尔角，艾梅柏称这是她"最有趣的约会"。不久之后，马斯克和艾梅柏两人走到了一起。

马斯克和艾梅柏第一次见面是在 2012 年，当时艾梅柏正在拍摄电影《弯刀杀戮》，马斯克担任了该片的顾问。从此两个人就认识了。

据《人物》杂志报道，马斯克和妲露拉没有离婚，就已经开始和《加勒比海盗》男主、扮演"杰克船长"约翰尼·德普的新婚妻子艾梅柏在一起约会了……

这时候，德普对艾梅柏提起了诉讼。德普在法庭上形容艾梅柏是一个很有心机的女人，希望通过婚姻改变自己的命运。他指控艾梅柏在婚姻存续期间的 2015 年 3 月，也就是刚刚结婚的一个月后，就"出轨"特斯拉大老板马斯克。在德普外出时，艾梅柏就邀请马斯克进入了其住所，他第二天才离开。两人还曾在德普洛杉矶住处的电梯内十分亲热地搂抱。这一情景，得到了当时大楼工作人员的证实。德普还列出了一长串艾梅柏的婚内出轨名单，其中就包括马斯克。

德普要求马斯克拿出当时与艾梅柏交流的电子邮件、信件或通信，法院对马斯克进行了传讯。

马斯克辩称自己是在 2016 年 5 月才与艾梅柏交往，而且开始很少见面，直到后来两人的关系才有所发展。

因为各说各的理，一时不好裁决。案件的审理就暂停了下来。直到 2022 年，这场没完没了的官司才终于完结。德普胜诉，获得 1000 万美元的惩罚性赔偿金和 500 万美元的补偿性赔偿金。

2017 年 4 月，马斯克与艾梅柏在 IG 上晒出秀恩爱的照片，标志着一段公开的新感情的正式开始。

尽管艾梅柏美得一塌糊涂，性格却异常任性，甚至可以说是强悍。想想德普被艾梅柏用酒瓶砸断的手指，就很容易认识到这一点。马斯克和艾梅柏之间的争吵，比跟贾斯汀在一起那一段有过之而无不及。

金巴尔等亲友们见过艾梅柏之后，认为"她是一个有毒的女人""她是一个噩梦""她就像《蝙蝠侠》里的小丑，除了制造混乱没有第二个目的"……

2017 年 8 月，马斯克和艾梅柏第一次分了手。2018 年 1 月重燃旧情，两人又聚到了一起，但一个月后又分手了。

对于这次失败的恋情，马斯克看起来很伤心。他接受《滚石》杂志采访时说："我刚与我的女朋友分手，我是真的爱上她了，因此非常伤心。我鼓足了所有勇气才能去 Model 3 的发布会，不至于看起来一副全世界最郁闷的家伙的模样。我告诉自己：有很多人指望着我。别深陷儿女情长，好好干活儿！"

金巴尔评论艾梅柏和马斯克说："她的确很美，但内心有着非常阴暗的一面。埃隆很清楚这种感情是有毒的。分手是迟早的事。"

对于弟弟的评论，马斯克回应道："因为我在感情方面就是个傻瓜。我经常犯傻，在爱情里尤其如此。"

尽管马斯克的三段婚姻均以失败告终，但这并没有改变他对爱情的看法。在一次采访中，他表示："爱情是美好的，但同时也是脆弱而珍贵的。它需要双方付出巨大的努力和时间来维系。"对于他自己的经历，马斯克坦言："我确实在爱情中犯过错误，但这并不代表我不能从中吸取教训并继续前行。"

马斯克很少公开承认自己的错误，说自己在感情方面"经常犯傻"，或许就是为自己以后继续"犯傻"做些铺垫，找点儿借口。显然，"吃一堑长一智"的古训并不适合马斯克这样放荡不羁的人。

没过几个月，马斯克就牵着小他 17 岁的加拿大音乐家格莱姆斯的手公开亮相了。

怪异而很有才华的歌手

2018 年 5 月，马斯克和加拿大音乐家格莱姆斯一起抵达大都会艺术博物馆的年度服装学院晚会。他高调公开宣布：他和歌手格莱姆斯正式恋爱了。

格莱姆斯 1988 年出生在加拿大的一个天主教家庭，小时候学过 11 年芭蕾；在被称为"加拿大哈佛"的麦吉尔大学上学期间，她主修脑神经科学和哲学专业，后来因为开始做独立音乐，决定中途辍学。

在身边女孩都研究穿衣打扮的年龄，格莱姆斯却研究采样机、效果器。别的姑娘有了钱就买香奈儿、爱马仕，她却攒钱去买吉他和键盘合成器。因为音乐水准出类拔萃，她 2011 年就签约了英国最著名的独立厂牌唱片公司（4AD）。

因为音乐风格既游离于时代，同时又与时代紧密相连，4AD 打造出了具有自己特色的世界知名音乐团体。能签约这样的公司，说明格莱姆斯既有怪异的一面，也有才华横溢的一面。

格莱姆斯不光自己做音乐，还一人包揽了自己歌曲的后期制作、封面设计、MV 导演、主演，还包括创意和剪辑……简直是全才！她那实验电子风格的音乐，得到了无数乐迷和专业人士的好评，曾经多次登上《公告牌》月刊排行榜。单曲《遗忘》被独具特色的音乐网站评选为"世纪最佳歌曲"。

当名利与赞美一股脑儿地冲她袭来时，格莱姆斯却表现出出人意料的谦虚。

《卫报》的乐评人称赞她是"世界上最激动人心的音乐人"，把她的音乐风格总结为："像是听到了一切，又像是从未听到过的声音。"

她却谦虚回复说："我跟碧昂丝比差远了。"碧昂丝·吉赛尔·诺斯是美国著名女歌手，世界流行级天后，被誉为"性感完美女神"。

虽然在音乐方面很有才华，但格莱姆斯的音乐风格是比较小众的。倒是她外表那怪怪的暗黑硬核风格——古怪的服饰、经常变换颜色的头发、在舞台上炫到炸裂的发型——非常容易给人们留下深刻印象。她有很多文身，只要心血来潮，想文啥就文啥，用她自己的话说："甚至我已经脱了衣服，马上就要开始进行文身了，我还没有想好到底自己要文什么。"

有媒体评论说："很多人凹造型、文身是为了装酷，但格莱姆斯那种酷很特别，无论外表还是灵魂，都是骨子里自然流露的真性情。"

从外表来看，格莱姆斯长相并不出众，既不温柔也不甜美，她那玩世不恭的打扮，完全不是马斯克所喜欢的类型。那么，这两个人是怎么走到一起的呢？说起来还真有点儿戏剧性色彩。

马斯克打算在推特上开一个关于人工智能的冷笑话，就用"Basilisk"（《荷马史诗》等古籍中记载的蛇怪）和"Rococo"（18世纪的巴洛克式风格，以浮华纤巧为特色）两词结合起来，创造一个新词"洛可可蛇怪"，用来表示"极端复杂而且荒谬"的意思。

结果他发现，这个常人看不懂的冷笑话梗，早在几年前就被歌手格莱姆斯在 MV *Flesh Without Blood*（有血有肉）中用过了，而她创作的角色就叫"洛可可蛇怪"。

要看懂这个"梗"，不仅要懂点儿艺术史，还要懂点儿人工智能，他俩恰好是为数不多两者都懂的人。于是，马斯克就在推特上转发了她的视频，并说："这是我最近这段时间看到的最好的 MV 作品。"随后，他试着在推特上和格莱姆斯聊了起来，居然感觉越来越投机，慢慢聊到了一起。

马斯克发现，他俩都非常喜欢日本动漫，甚至他俩喜欢的很多导演和影片都一样。格莱姆斯还一直对人工智能充满兴趣，她还相信，人工智能将会很快超越人类创造艺术的能力。她说："我觉得我们处在人类艺术的终结中。一旦人工智能能够完全掌握科学和艺术，它能吸收所有历史上伟大的艺术，也了解什么是真正的创新，将会比我们所做的艺术要好得多。这可能会在未来 10 年到 30 年内发生。"

就这样，马斯克被格莱姆斯身上"惊人的艺术创造力"所吸引了……

和格莱姆斯先后生下了 3 个孩子

2018 年 5 月，马斯克带着格莱姆斯参加了美国纽约大都会艺术博物馆慈善舞会，官宣他们相爱了。

细心的人发现，格莱姆斯的项圈上貌似有斯特拉的标志。这是两人第一次公开牵手亮相，但是他们好像根本不拘谨，当着全球媒体的面大秀恩爱。

两人相差 17 岁，但表现得非常恩爱。在 2019 年到访中国的时候，马斯克还在繁忙的工作之余贴心地带着格莱姆斯吃了老北京涮锅。

2020 年 1 月，格莱姆斯丢下了一个重磅炸弹：她在自己的 IG 和推特上发了一张完全裸露上半身的孕照，暗示她实际上已经怀孕。

又要当奶奶的梅耶很快点了赞。

2020 年 5 月 4 日，马斯克和格莱姆斯爱情的结晶小钢铁侠 X Æ A-12 马斯克诞生了。这也是马斯克的第六个儿子，在网上经常被称作"X 娃"。

马斯克随即在推特上宣布，他和歌手格莱姆斯的第一个孩子降生，名字叫：X Æ A-12。

因为感觉名字过分怪异。网友一时分不清这是不是马斯克又在跟大家开玩笑。不过还是有一些人认真了起来，进行了一番很有理论根据的猜测："X Æ A-12 就是 X Ash Archangel，'Æ'的发音为'ash'，而'Archangel'意为大天使，是美国侦察机 A-12 的内部代号。"

马斯克为这条猜测点了赞，让不少网友觉得大概就是这个意思。

不过，随后孩子的妈妈格莱姆斯在推特上对孩子的名字进行了"权威"解读：X 代表的就是未知数；Æ 代表人工智能中的"我"，表达了父母对孩子未来的期许；A-12 是 SR-71 侦察机的前代机型，是她和马斯克最喜欢的飞机，虽然没有武器和防御装备，但是速度非常快，善于格斗。此外，A 代表的是大天使（Archangel），是格莱姆斯最喜欢的歌曲。

根据加州的法律，无法给这种名字上户，最终马斯克和格莱姆斯将儿子的名字定为 XA-Ⅻ。

格莱姆斯很快就意识到，马斯克的思维方式"与其他人不同"。马斯克不善于察言观色，但他对情感是非常敏感的，在不同情绪和个性之间切换起来也非常快。当马斯克处于放松状态时，是惹人喜爱的；但下一秒他可能就会进入暗黑模式，整个人聚焦于头脑中掀起的风暴，一受到干扰就会进行激烈的争吵。或许这种个性对他在事业方面的成功是有帮助的，而对婚姻和家庭来说，却是有害的。格莱姆斯说："'恶魔模式'确实能帮埃隆把烂事情都搞定，但是哪个女人会喜欢自己身边的男人拥有'恶魔模式'呢？"

马斯克和女友格莱姆斯在一起 3 年后，也就是 2021 年 9 月两人宣布分手，并表示会共同抚养 1 岁的儿子。

虽然人们对马斯克和格莱姆斯的这次分手议论纷纷，也有很多猜测，但是没人能猜透马斯克离婚的背后有没有其他深层次的原因，毕竟他已经这样做好多次了。然而几个月后，有人才明白了过来，或许马斯克这次离婚的背后原因，还与其他女人和孩子有关。

出乎大家意料的是，2021 年 12 月马斯克跟已经分手的格莱姆斯通过代孕生下了一个女儿，这是两人的第二个孩子，马斯克的第七个孩子。这个女孩的名字是：Exa Dark Sideræl，昵称"Y"。

格莱姆斯解释说：Exa 一词是来自超级计算机术语 exaFLOPS，指的是"每秒一百亿亿次的浮点运算"；Dark 是致敬暗物质，也表示"未知"，"人们害怕未知是因为缺乏光子，但暗物质是我们宇宙物质的重要组成部分"；Sideræl 则是 sidereal（恒星的）的精灵体写法。

分手后，格莱姆斯对媒体这样描述自己和马斯克的关系："没有真正合适的词，我可能会称他为我的男朋友，但我们的关系非常灵活。我们住在不同的房子里。我们是最好的朋友。我们经常见面……我们只是有自己的事情在做，而且我不希望其他人理解这种关系。我们只需要自由，做自己想做的事！"

当然，她也抱怨过马斯克："他抠门到不行，床垫有个洞都舍不得换。"

只是，"抠门"到床垫都"舍不得换"的马斯克，在换女友方面貌似是不怕花钱的。很快，他被媒体发现又和"90后"新女友娜塔莎·巴塞特一起上了私人飞机。

再次出乎大家意料的是，2023 年 9 月 9 日有媒体报道，格莱姆斯秘密生下了她和马斯克的第三个孩子，名叫"电子音乐机械"，昵称是"Tau"，也就是希腊字母表中的第 19 个字母"T"。

虽然与格莱姆斯已彻底分手，但马斯克经常会去格莱姆斯家，坐在地板上给"Tau"喂牛奶。此外，马斯克也会找时间和机会去和别的女人交往……

薇薇安与马斯克断绝父子关系

2022 年 6 月 20 日，马斯克刚满 18 岁的大儿子泽维尔·亚历山大·马斯克，向法院提交了一份申请书，要求将自己的姓改为母亲贾斯汀·马斯克的婚前姓，把名字改为薇薇安·詹娜·威尔逊。

除此以外，薇薇安还申请将自己的性别由男性改为女性。

不仅如此，薇薇安还坚决地说要跟生父马斯克断绝一切关系："我不再和我的生父生活在一起，也不想和他有任何关系。"

这方面的消息立即引爆了媒体。

薇薇安是马斯克和第一任妻子加拿大作家贾斯汀·威尔森生的孩子，也是马斯克最大的孩子。

马斯克和贾斯汀通过试管婴儿的方式，在 2004 年生下一对双胞胎男孩，薇薇安是其中的一个孩子。马斯克和贾斯汀 2008 年正式离婚后，两人共同抚养他们的孩子。

马斯克和第二任妻子妲露拉·莱莉结婚后，孩子们似乎和这个继母相处得还不错，而贾斯汀和妲露拉·莱莉的关系也不错。但马斯克的第二段婚姻也没有维持多久，后面还曾"离婚—再婚—再离婚"地反复折腾。

再后来，马斯克的感情就有点儿乱，交了多任女友，还生了一堆孩子。

越来越大的薇薇安，或许很难承受"一波未平一波又起"的关于父亲婚恋和私生活的绯闻，所以才决定和他断绝关系。

过去几年里，马斯克曾因嘲笑跨性别者多次受到抨击。2020 年 7 月，他发了一条推文说："中性人称代词太糟糕了。"

这条推文被当时的女友格莱姆斯公开以评论的方式抵制："我爱你，但请关掉你的手机，请停止这一切。"

2021年12月，马斯克再次嘲笑那些在简历中提到自己跨性别的人，被批评后，他又说："我绝对支持多元性别群体，但中性人称代词太缺乏美感了。"

当时还叫"泽维尔"的薇薇安非常不满，呼吁马斯克为他的言论道歉。

看起来父子俩积怨已久。或许，这个孩子应该早就有这项计划了，只是按照法律规定，只有满18岁，才有资格按照自己的意愿去更改，所以才等到现在采取行动。

对于孩子的决定，马斯克没有发表过多评论，他只是希望大家能够尊重孩子，不要刨根究底地探究孩子的隐私。他就此事回复媒体说："青少年不愿意花那么多时间与父母在一起。""'她'不想成为公众人物。我认为捍卫'她'的隐私权很重要。请不要违背一个人的意愿——这是不对的。"

马斯克对于薇薇安的变性并没有表现出强烈的反对或不满。但是当薇薇安宣布要切断所有的父子关系时，马斯克感到非常痛苦。他说："孩子是读大学之后受到了一些思想的影响。我和'她'之间的裂痕让我再次感受到了如同当年失去内华达一样的痛苦。未来总有一天，薇薇安会'回心转意'。"

孩子的母亲贾斯汀也只是在推特上说："我18岁的孩子对我说：'我有一个奇怪的童年，我不敢相信我现在这么普通。'我回复他说：'我为你感到骄傲。'孩子回复说：'我为自己感到骄傲。'"

因为薇薇安平时非常低调，也远离社交媒体，媒体很少掌握和发布关于"她"的消息。不过 2022 年 9 月 21 日，薇薇安被发现出现在加利福尼亚州圣莫尼卡一个购物中心的外面。

薇薇安现在长发飘飘，从外表来看，活脱脱一个女孩子的形象。"她"看起来很高挑，显然继承了父母的好基因。

狗仔队拍到薇薇安的时候，她还戴着口罩，不知是为了防病毒，还是为了防狗仔队。可以看出，她的脸胖嘟嘟的，和马斯克的脸十分相似，只是眼神看起来有点儿忧郁。薇薇安从头到脚的服饰看起来普普通通，一身运动装扮，看不出有哪一件是大牌。从侧面来看，她的体形已经有了明显的变化，更加接近女性了。

看了媒体的报道，马斯克的心情非常复杂。父亲节当天，也就是儿子申请和他断绝关系的前一天，他还在推特上说："我爱我的每个孩子。"

马斯克和孩子之间的故事引发了很多人的关注和讨论。有些人同情马斯克，认为他是一个爱子心切的父亲；有些人支持薇薇安，认为她有权选择自己的性别和生活方式；还有些人批评两者都太过极端，应该相互尊重和理解。

由此不难看出，尽管马斯克表现出对自己父亲埃罗尔的厌恶，但并不影响马斯克在某些行为和选择上和埃罗尔如出一辙。马斯克不是也宣布了与父亲断绝关系吗？现在轮到他的孩子学他了……

马斯克又跳起了尬舞

有细心的网友发现，在很多人眼中"冷酷""高傲"的马斯克，一高兴就喜欢跳舞。

英国《每日电讯报》2023年5月15日报道，就在马斯克前往巴黎的法国总统府与马克龙会面的大约20小时前，有人看到这位科技大亨在墨西哥卡波圣卢卡斯一家豪华度假村的舞池里跳舞。

有人把拍摄的视频发到了网上，51岁的马斯克在一家拥挤的夜总会里出现，当时他正参加一个舞蹈音乐节。5月14日凌晨，当澳大利亚另类电音组合 RÜFÜS DU SOL 在音乐节上表演《阳光梦想》时，人们看到马斯克跳起了舞，并向人群做心形手势。

想必马斯克当时跳得很投入、很尽兴，以至于第二天巴黎会见法国总统马克龙，被记者拍到的会面现场显示，马斯克状态不太好，胡子拉碴，睡眼惺忪。记者"解释"说："他在去巴黎前先在墨西哥夜店狂欢了一晚上。"

2022年3月22日，特斯拉位于德国柏林的超级工厂——柏林勃兰登堡工厂正式投入运营。历经两年的紧张忙碌，这座特斯拉全球第三家超级工厂，终于迎来了首批车辆的交付。

而这座投资高达 50 亿美元的超级工厂，未来将肩负着年产
50 万辆车的重任。为此，马斯克早早飞赴德国，亲自为首辆
Model Y 车主交付钥匙。

当着德国总理奥拉夫·斯科尔斯、联邦经济事务和气候行
动部长罗伯特·哈贝克以及其他联邦和地方高级官员的面，马
斯克在现场兴奋得跳起了舞。

有媒体描述："在一辆车牌上印有 'GIGA 001' 的 Model Y
前面，特斯拉首席执行官马斯克再次跳起了他在 2020 年 1 月
上海超级工厂开业时表演过的舞蹈。""那段舞蹈颇有些尴尬，
但马斯克本人的激情却感染了在场的每一个人。"

2020 年 1 月上海超级工厂开业时，马斯克刚上台没多久，
就忍不住手舞足蹈，脱掉衣服跳起了很多人眼中的"尴舞"。
"从现场来看，这段不是预先安排的，绝对是硅谷'大男孩'的
即兴之舞。论舞蹈的水平，确实是'尴舞'。"

跳得不好却偏要跳，不管别人是什么感受，自己高兴就应
该表现出来，这是马斯克的一贯作风。

2017 年 11 月 17 日，在广州车展正式开幕的第一天，特斯
拉 Semi 终于揭开了神秘的面纱。在装载 36 吨货物的情况下，
这款车可以实现 800 千米的续航（高速状态），30 分钟就能充
满超过 400 千米的行驶里程所需的电量，拥有比传统燃油卡车
更低的使用成本，而且非常容易维护和保养。所以，这是一款
很有卖点的车。

马斯克亲临现场。伴随着激昂的音乐，两辆 Semi 从夜色

中开出，马斯克穿着一身皮衣从卡车上走下来，非常帅。

马斯克介绍电动卡车 Semi 的方式非常生动直观，用数据说话。

Semi 的空车 0～100 千米加速只有 5 秒，36 吨满载情况下 100 千米加速是 20 秒，燃油卡车根本没法相提并论。特别是满载状态下的加速度，特斯拉用了与现实时间同步的进度条来表示，在 Semi 的进度条跑满后，为了嘲讽燃油车缓慢的加速，马斯克在现场跳起了舞……

网上有很多类似《马斯克跳了两支舞，特斯拉重塑了 N个市场》《盘点马斯克跳舞步伐》《马斯克跳舞专属背景音乐，跳出六亲不认步，这就是有钱人的快乐》等标题的视频。

有网友评论：盘点马斯克跳舞步伐，首富跳出了对金钱的不屑，别人还真是模仿不来。

他们哪里知道，马斯克在公共场合爱跳舞不仅是自娱自乐、释放激情、激发灵感，更是为了活跃气氛，拉近和别人的距离。

通过丑化自己，取悦别人，让别人开心，也让自己开心，这难道不是一种风度和自信吗？

他一激动就想写几句诗

2021 年 11 月 2 日，马斯克在推特上以"人类"为题，用中文发布了一首三国时期曹植的《七步诗》：

> 煮豆燃豆萁，豆在釜中泣。
>
> 本是同根生，相煎何太急。

一些人立刻以调侃口气称他为"诗人"，更多的人则试图猜出：当马斯克写"相煎何太急"的时候，其实他是想写什么？

甚至有人对此进行了过度的解读，说他这是在为自己面临被"逼捐"的境遇所表达的不满。

不久前，媒体爆料，美国民主党人拟征"亿万富豪所得税"，马斯克、贝索斯等10位美国顶级富豪，或需因此缴纳巨额税款。其中，马斯克在前五年将缴税500亿美元。

此外，联合国世界粮食计划署负责人公开点名，称只要马斯克捐出总所得的2%，约为60亿美元，就可解决全球范围内的饥饿问题。

对此，马斯克已经在推特上明确表达了质疑和不满。他说："如果世界粮食计划署能详细说明60多亿美元将如何解决全球饥荒问题，我会马上卖掉特斯拉的股票，然后去捐款。"

由此看来，如果马斯克不满，他完全可以直接"开火"，而不至于"被联合国吓得说起了中文"。当然，对于行善的方式和捐款的用途，马斯克的确是非常关心的。

理查德·布兰森是太空探索技术公司的竞争对手之

———维珍银河的创始人，他曾出版过一本书：《一如既往：当行善统治商业》。书中，布兰森表达的核心观点是："行善不是捐钱，而是要把它设计在你的商业模式里。做正确的事情是有利可图的。做好事，玩得开心，钱就会来。"

在推特中，马斯克对布兰森的观点大加赞赏，并向读者推荐了这本书，他评论说："所有人都应该牢记这一原则，因为这确实是明智之举。"

不管怎么说，推特上发布的《七步诗》使得不少人把"马斯克"和"诗人"联系在了一起。

实际上，马斯克还真的喜欢写诗，并且经常用在推特写"诗"的方式表达自己的态度和情感。

比如，2023 年 7 月 1 日，马斯克发文称，为应对推特"过分极端的数据抓取"和"系统操纵"问题，将对用户推文浏览量采取临时限制措施："临时限制措施允许认证用户每日最多阅读 6000 条推文，未认证用户每日最多阅读 600 条推文，而新注册的未认证用户每天只能阅读 300 条推文。"

当天，"超出速率限制"和"推特宕机"登上推特热搜话题，用户纷纷抱怨无法发布推文，还会收到"超出限制"的错误提示，有人表示感到"恐惧和焦虑"，"再见推特"成为热门话题。

目前，推特用户已摆脱了最开始的沮丧情绪，转而以做动图、表情包等乐观方式回应。部分用户表示，过去几天收到"速率限制"的提示后，他们意识到自己可能在社交媒体上浪费了太多时间，这一措施有助于他们改掉"末日刷屏"的习惯（"末日刷屏"指在社交媒体或新闻网站上不断浏览负面、令人沮丧的新闻或信息的行为）。还有人称，这是发生在他们身上的"最好的事情"，减少浏览推特，有助于他们更好地管理自己的时间并提高工作效率。

有感于此，马斯克在推特上发了一首"小诗"：

> "你从深度恍惚中醒来，
> 离开手机，
> 去见你的朋友和家人。"

他还写过很多比这更长的诗。比如，2021年12月《哥斯拉大战金刚》在全球热映，全球累计票房接近3亿美元。这部电影涉及多个现实中的阴谋论，比如光明会、地下快速通道、跳高行动、地底空心世界、南极入口等，带给了阴谋论鼓吹者很多惊喜，马斯克本人深受启发。

看了这部怪兽大片后，激动之余，他赋诗一首，盛赞电影给自己带来的感动——

> "《哥斯拉大战金刚》很惊艳，
> 从没看过这么猛的影片。
> 里面的阴谋让人惊叹，
> 故事结局又让人心挂念。"

马斯克对诗歌的确情有独钟，他曾发推文称，自己正在阅读诗人 T.S.艾略特写在《荒原》中的笔记。1922 年艾略特出版的《荒原》，被评论界看作是 20 世纪最有影响力的一部诗作，被认为是英美现代诗歌的里程碑。这样看来，他在演讲中经常说出诗一般的词句，也就不足为奇了。

这样一个超级富豪、科技狂人、舞蹈爱好者，竟然还是诗人，惊喜不惊喜？意外不意外？更让人想不到的是，马斯克居然还会唱歌，并且唱得相当不错……

"地球人"乐队的"一线歌手"

2020 年 1 月 30 日，马斯克发推文："我刚刚写了一首歌叫《别怀疑你的感觉》，而且亲自进行了演唱。这首歌已经发布在了 'Emo G Records' 网站上，那是我虚构的一个唱片公司。"

他还在自己的推特账号上贴出了自己创作的 EDM 电子舞曲《别怀疑你的感觉》的链接，并发布了制作这首单曲时的照片。

随后，马斯克还在推特上发布了这首歌的歌词：

别怀疑你的感觉，

因为这是真的。

别怀疑你的感觉，

因为这就是你。

……

2020 年 2 月 7 日，有媒体报道，马斯克的全新单曲《别怀疑你的感觉》在有"音乐界的油管"之称的音乐分享平台"曲多多"上登榜"最火前 10 名单曲"，5 天之内，他的歌被点击了 260 万次。同时上榜的还有大家所熟悉的罗迪·里奇和朱斯·沃尔德等非常著名的说唱歌手的单曲。

马斯克为自己取得的成绩感到很高兴，他还在自己的推特账号上添加了"摇滚明星"这个签名。

有网友评论说，这很可能要归功于马斯克不久前交的一个音乐界的女友。马斯克曾和加拿大音乐艺人格莱姆斯约会，格莱姆斯正是以这种类型的音乐而闻名。所以，也许正是她给了马斯克灵感，让他创作了这首歌曲。

实际上，早在 2019 年 3 月 30 日，马斯克就在"曲多多"上发布了一首名为《里普·哈兰贝》的说唱歌曲，以纪念 2016 年被杀的辛辛那提动物园的大猩猩。这首歌也被放在了他自己虚构的唱片公司网站上。马斯克说："这可能是我最好的作品，没做成唱片发行有点儿可惜了。"

不到一年的时间，这首歌在"曲多多"的播放量达到了182 万，点赞数超过 3.2 万，只发了这一首歌的 Emo G Records

也凭空多出 1.2 万个粉丝。

马斯克在他的推特账号上推荐了这首歌，2 万的转发量和 11 万的点赞量已远远超出他所发推文的平均水平，着实让他和他的粉丝兴奋了一番。

细究起来，这并不是马斯克第一次在公开场合开嗓唱歌。至少在 2018 年的得克萨斯州音乐节上，他就和弟弟金巴尔一起合唱了西部片《神勇三蛟龙》中的插曲《我的小黄油杯》。

他还不止一次表达过对说唱歌手坎耶·维斯特的欣赏。2015 年，维斯特入选《时代》杂志"全球最具影响力 100 人"榜单，推举他的人正是马斯克。马斯克还称维斯特就是他的灵感男神。

马斯克也一度想要打造自己的音乐流媒体服务。2017 年 6 月，有媒体爆出特斯拉正在与唱片公司展开谈判，希望唱片公司授权特斯拉专有音乐服务，并与汽车捆绑销售。只是因故迟迟没有实施。

2020 年 5 月 30 日，太空探索技术公司首次商业载人航天任务顺利完成。为庆祝这一时刻，马斯克当场演唱了苏联摇滚乐队"地球人"的著名歌曲《故乡的草原》——2009 年，俄罗斯联邦航空局将这首歌作为俄罗斯宇航员的"官方国歌"。尽管这首歌唱的是太空旅行，但它同时描述了宇航员对地球的思念。

演唱视频一发布到网上，就引起了俄罗斯网民的广泛关注。网友戏称，马斯克现在不仅仅是太空探索技术公司的首席执行官，同时也是"地球人"乐队的"××线歌手"。

大家都知道，马斯克喜欢电子舞曲。2021年3月，他甚至曾更改自己的网名为"电音之王"，并且推出了一首NFT电子音乐，点击量超500万。"NFT"是指将音乐作品或歌词、版权等相关元素通过区块链技术进行加密、发行和交易的数字资产，它可以让音乐人和粉丝之间建立更直接、更紧密、更有价值的联系。

一些推特用户对马斯克的"新事业"感到困惑，而另一些人则称赞他"多才多艺，是天才、亿万富翁、花花公子、慈善家和音乐艺人"。

不管怎么说，唱歌和对音乐的爱好，增加了马斯克"上头条抢风头"的机会。马斯克用他的行动再次证明：不爱音乐的企业家不是一个好企业家。

为了增加曝光量，马斯克还有一招"撒手锏"……

硅谷现实版的钢铁侠

除了在生活中、在职场、在网络上的"表演"，马斯克还是一个真正的业余演员，除了亮相于知名综艺节目、播客节目，他还曾多次客串影视作品。这成了娱乐圈的一大亮点，更是他本人形象的一大亮点。

马斯克和电影界人士颇有渊源。2000年，马斯克的妹妹托斯卡·马斯克成立了独立电影制作公司"马斯克娱乐"。马斯克担任这家公司出品的第一部电影《猜谜》的制作人。马斯克和好莱坞的关系也很密切，乔治·克鲁尼、卡梅隆等大腕都是他的座上宾。

马斯克涉足演艺圈最早可以追溯到2005年，当时他在电影《感谢你抽烟》中客串一个服务员，仅出镜一秒钟。这次客串可以说是纯粹出于娱乐和好玩的目的，电影中还使用了他的私人飞机。

马斯克最广为人知的客串，是2010年在电影《钢铁侠2》中的出演。说起这事，还要从几年前谈起。

2007年3月，费弗洛导演准备开拍电影《钢铁侠》时，租用了休斯飞机公司位于洛杉矶的一处场地。休斯公司的创始人，就是大名鼎鼎的霍华德·休斯，也就是漫画钢铁侠的原型！

在拍摄现场，有人告诉钢铁侠的扮演者小罗伯特·唐尼，有个叫马斯克的人，成就能够比肩休斯，他的工厂距这里只有10千米。唐尼想，与其凭空想象休斯的创业人生，不如切身体会一下马斯克的人生。于是，唐尼来到了太空探索技术公司位于洛杉矶的总部。

听完唐尼介绍自己的来意，马斯克对电影拍摄表现出极大的兴趣。他当即表示愿意提供各方面的配合，并且还有意向当《钢铁侠》的制作人。

于是，马斯克陪同唐尼参观了太空探索技术公司工厂，然后两人共进午餐。

马斯克畅谈了自己的经历和伟大梦想，唐尼觉得一切都非常符合"钢铁侠"的形象。钢铁侠总是经历苦战才能获胜；马斯克改变人类的种种努力，同样也在残酷的现实世界里不时碰壁，但他始终坚持去挑战"不可能的任务"……

电影的一部分镜头选在了太空探索技术公司总部空旷的厂区拍摄。在影片最后的"致谢"字幕中，打出了马斯克的名字。虚幻的钢铁侠和现实的马斯克就这样结合在一起了。

随着《钢铁侠》上映后的大卖，马斯克得到了媒体的关注，这不仅提高了他的声望，也带给他很多乐趣。

于是，2010年上映的《钢铁侠2》中，就出现了硅谷现实版钢铁侠马斯克与漫威超级科幻英雄钢铁侠托尼·斯塔克同台争艳的一幕——

剧情中已经晋升为总裁的小辣椒佩珀主动和马斯克打招呼，无比高傲的托尼·史塔克先生看见马斯克后居然绕过桌子主动走来握手聊天。

史塔克问："埃隆，现在怎么样？那些梅林发动机真是太赞了。"（梅林发动机指的是太空探索技术公司研发的"猎鹰"系统重型火箭使用的发动机）

马斯克和他热情地握手，回答说："我还有个关于电动飞机的想法。"

原本众人心目中的"严苛老板"，在电影里自我调侃，展示了马斯克风趣的一面。

随后几年，马斯克在电影《弯刀杀戮》中扮演太空探索技术公司的创始人，与男主角进行对话；在科幻电影《超验骇客》中短暂客串，出现在一次科技演讲的镜头中，他的侧脸格外引人注目。

在 2016 年客串《恼爸偏头痛》时，马斯克一开场就提到了自己从事汽车行业，巧妙地点明了自己是特斯拉的首席执行官，而那一年正是特斯拉产能扩张的关键时期；在客串《生活大爆炸》时，他饰演了一个社区义工的角色，再次以幽默的方式展现了自己的形象。

总体来说，马斯克在娱乐圈的客串角色都与他本人有关，或者与汽车有关，或者与星际探索有关。他善于用自己在影视作品中的角色来强调和完善自己的形象。这些客串在让人们更加了解他的同时，也让人们更加深刻地了解他的梦想和他的伟大信念。

或许，他热衷于客串的最大目的，是给自己的公司做免费的宣传。如果对自己的事业有帮助，任何流量他都不肯放过。这些客串出演为他增加了更多的曝光度，同时也为观众们带来了娱乐和惊喜。

或许，不管干什么，用自己的努力，使大家的生活变得更加美好，这正是马斯克所需要的结果，也是他所追求的人生。